AF372038

ALFONSO MAÑAS

Gladiadores, bestias y condenados

Las crónicas brutales del Coliseo

Tercera edición

ALMUZARA

Editorial Almuzara • Colección Historia
Editora: Rosa García Perea

www.editorialalmuzara.com
pedidos@almuzaralibros.com - info@almuzaralibros.com

Editorial Almuzara
Parque Logístico de Córdoba. Ctra. Palma del Río, km 4
C/8, Nave L2, nº 3. 14005 - Córdoba

Imprime: Gráficas La Paz
ISBN: 978-84-10524-01-9
Depósito: CO-1369-2024
Hecho e impreso en España - *Made and printed in Spain*

A los millones de personas que murieron en la arena
—hombres, mujeres y niños—
durante los siete siglos que los anfiteatros de Roma
devoraron vidas para el entretenimiento de otros.

Una cuestión de números

Los romanos no tenían cero, desconocían ese concepto, como el resto de pueblos antiguos. Comenzaban a contar desde el uno, porque solo puede contarse lo que existe. Si algo no existe no puede contarse, pensaban.

Un montón de muertos sobre la arena podía contarse. O había un cadáver o no había ninguno, pero no podía haber cero cadáveres.

Así pues, su desconocimiento del número cero no les impidió contar con precisión el número de gente que moría en la arena, pues eran excelentes tanto contando como matando gente en la arena.

Por ejemplo, en los juegos de 117 días que celebró Trajano combatieron 4.941 parejas de gladiadores (*i.e.*, 9.892 gladiadores). Si murió el 10% (la tasa de mortalidad en combate gladiatorio de entonces, que conocemos por los resultados de los combates), tenemos que en esos juegos murieron 989 gladiadores. En solo unos juegos. Considerando que se celebraban más juegos en Roma en un año, una estimación anual (conservadora) para la ciudad de Roma sería 2.000 gladiadores muertos al año.

Pero fuera de Roma también había juegos (había más de 400 anfiteatros por todo el imperio, más circos y teatros donde también luchaban los gladiadores). Una cifra de 10 gladiadores muertos al año en cada uno de esos 400 anfiteatros (excluyendo teatros y circos) da 4.000 gladiadores muertos al año, que más los 2.000 de Roma da 6.000 gladiadores muertos al año en todo el imperio.

En 100 años da 600.000 gladiadores muertos. En 200 años 1.200.000 gladiadores muertos. Así, podríamos decir que solo en los dos primeros siglos de la era cristiana superaron el millón de muertos, solo con gladiadores.

Pero los gladiadores no eran los participantes de los juegos anfiteatrales con mayor mortalidad, honor que correspondía a los condenados que eran ejecutados al mediodía (*ludi meridiani*), que sufrían un implacable 100% de mortalidad (la eficacia del sistema punitivo romano era total, «*dura lex, sed lex*» [«la ley es dura, pero es la ley», decían]). Las fuentes a menudo registran ejecuciones en masa de cientos de personas en la arena. Una estimación conservadora de 10 ejecutados al día da un total de 1.170 muertos en los 117 días de juegos de Trajano. A lo largo de todos los juegos que se celebrasen en Roma en un año serían 5.000 personas ejecutadas en la arena. En el resto de anfiteatros del imperio también se ajusticiaba a los criminales, así que una estimación muy conservadora de 10 ejecutados anuales por anfiteatro (circos y teatros excluidos) daría 4.000 criminales muertos anualmente, más los 5.000 de Roma, totalizando 9.000 criminales muertos al año en la arena en todo el imperio.

En 100 años da 900.000 criminales muertos. En 200 años 1.800.000 criminales muertos.

Si añadimos el 1.200.000 gladiadores muertos contados arriba, vemos que solo en los dos primeros siglos de la era cristiana tres millones de personas murieron en la arena.

A esa cifra hay que sumar la de los cazadores de animales (*venatores*) que morían durante las cacerías (*venationes*) que celebraban por las mañanas. Esto es difícil de estimar, porque —como los toreros actuales— aquellos hombres poseían una buena técnica que les permitía engañar a los animales y matarlos con poco riesgo para el cazador. Pero también es cierto que las técnicas que utilizaban eran más peligrosas que las de los toreros actuales, y que la atención médica era peor. Una estimación de 100 *venatores* muertos al año en todo el imperio (Roma incluida) podría ser aceptable (aunque conservadora). En 200 años da 20.000 *venatores* muertos.

En total (gladiadores, condenados y *venatores*), podríamos estimar que en los primeros dos siglos de la era cristiana (del año 1 al 200 [recordemos que no hubo año cero]) moriría un total de 3.020.000 personas en la arena.

Sin embargo, los juegos de anfiteatro se celebraron en Roma sin interrupción desde el 264 aC (primeros juegos documentados) hasta la década de 430 (probablemente el año 438), es decir, casi 700 años. El siglo I aC (del año 100 aC al 1 aC) también fue intenso en juegos, como el siglo III dC (año 201-300), así que probablemente esos dos siglos también dieron cada uno otros dos millones y medio de muertos en la arena (5 millones en total). Siendo conservador, del 264 aC al 101 aC debió de caer otro millón, y lo mismo del 301 al 438.

Así, probablemente, un total de unos 10 millones de personas murieron en la arena durante los siete siglos de existencia de espectáculos anfiteatrales (no contamos que en Italia venían celebrándose combates de gladiadores desde c.399 aC [en Paestum y Campania], así que aún deberíamos sumar otros 136 años, que darían varios miles de muertes más).

Otros (menos conservadores) consideran que esa cifra hay que doblarla o triplicarla: 20 o 30 millones.

Solo en el Coliseo, y solo en los primeros tres siglos de su existencia (del año 80 al 380), con las cifras conservadoras de arriba, morirían 2.103.000 personas.

Considerando que la arena del Coliseo mide 76 x 44 m, 3.357 m^2 de superficie (menos de media hectárea), resulta evidente que es uno de los lugares de la tierra donde más personas han muerto por metro cuadrado.

No ocupa sin embargo el primer puesto en ese ranking, pues por ejemplo las pirámides aztecas (o mexicas) lo superan de lejos. Concretamente, en la gran pirámide de Tenochtitlán (actual Ciudad de México), cuya cúspide era probablemente una plataforma cuadrada de 20 m de lado (una superficie de 400 m^2), mataron a 80.400 personas en solo 4 días, que fue lo que duró la reconsagración de esa pirámide en 1487 (un ritmo de 15 sacrificios por minuto [uno cada 4 segundos], día y noche, sin parar, durante los cuatro días).

A lo largo de los varios siglos que esa pirámide estuvo en funcionamiento la cifra es incalculable, y hay que multiplicarla por el resto de pirámides similares que existían en Mesoamérica.

Pero hay una diferencia notable entre esos pueblos mesoamericanos y los romanos: mientras que los primeros lo hacían para contentar a sus dioses (que el sol siguiese saliendo por la mañana), los segundos lo hacían simple, llana y conscientemente por entretenimiento (los juegos de anfiteatro nunca fueron religiosos, jamás fueron *ludi*, a diferencia de los *ludi circenses* [las carreras de cuadrigas] o los *ludi scaenici* [teatro]). Roma era una civilización con pensadores y filósofos de la talla de Cicerón, Séneca o Marco Aurelio, a ninguno de los cuales les pareció mal que se matase a gente en la arena, al contrario, como veremos, consideraban que era educativo, e incluso fortalecedor y relajante para el espíritu, y nunca hicieron nada por terminar con esos espectáculos.

Así, el Coliseo ocupa un lugar sin duda notable en la historia del horror humano, y del entretenimiento.

Pan y circo.

«El hombre nace con una inclinación natural por los espectáculos bárbaros: si mañana se abriesen los anfiteatros, las gradas estarían llenas. No seamos por tanto tan severos al juzgar el gusto que los romanos tenían por los juegos de anfiteatro».

A. L. Millin, 1813.
Nota en página 39-40 de su obra
Description des tombeaux de Pompei.

ÍNDICE

Índice

> «El pasado es (como) un país extranjero: allí
> hacen las cosas de forma diferente»
>
> «The past is a foreign country: they do things differently there»
>
> L. P. Hartley, *The Go-Between* (1953 [2002]:17)

Prólogo

La vida es como un combate de gladiadores, como un espectáculo de anfiteatro: al igual que el gladiador, cuando entraba en la arena, sabía que de ahí ya sólo saldría muerto, que la única salida posible de ahí era la muerte, sino ese día al siguiente, tarde o temprano, nosotros sabemos que nadie sale vivo de esta arena que es la vida, una vez que llegamos a esta vida (que entramos a esta arena) sabemos que la muerte nos espera a todos, antes o después. Al igual que el gladiador no podía saber qué día sería su último combate, tampoco lo sabemos nosotros.

La comparación es de Séneca, y la hizo hace dos mil años, pero sigue plenamente vigente hoy.

La vida es un *munus* (un combate de gladiadores): todos los que entramos saldremos muertos. Nadie escapa vivo de esta arena.

Esa visión estaba perfectamente plasmada en la estructura de los anfiteatros (incluido el Coliseo), y aún podemos verla hoy: la arena de todo anfiteatro tiene dos puertas, una por la que entraban los vivos y otra, justo enfrente, al otro lado de la arena, por la que sacaban a los muertos.

Lo que entraba vivo por una puerta salía muerto por la otra.

La arena era una picadora de carne: todo lo que entraba en ella salía muerto.

La arena, el anfiteatro, era la metáfora perfecta de la vida: todo lo que entra en ella sale muerto.

Entramos en la vida, luchamos, e indefectiblemente morimos en ella.

Resumiendo: todos vamos a morir. Esta realidad incuestionable era tan cierta en tiempos de los romanos como hoy. Dado que es algo inevitable, pensaban los romanos —especialmente aquellos que practicaban la filosofía estoica (como Séneca)—, conviene morir de manera honorable. ¿Y qué significaba morir de manera honorable para un romano? Básicamente, no sintiendo miedo en el momento de morir. El miedo era un sentimiento deshonroso para un romano, un romano debía ser valiente, no temer a nada.

Sin embargo, no sentir miedo a la muerte, a algo tan desconocido como la muerte, no era algo natural, lógicamente, por lo que en consecuencia era algo que debía aprenderse. Los soldados habían aprendido a no temer a la muerte a base de sus muchos años tratando con ella en el campo de batalla, pero las gentes normales de Roma no tenían esa posibilidad de curtirse en el campo de batalla, y de inmunizarse así contra la muerte, por lo que acudían a los combates de gladiadores. Los gladiadores (los gladiadores vencidos que recibían el veredicto de muerte) abrazaban esta voluntariamente y sin temor, y eso era un ejemplo para los espectadores. Si el gladiador recibe la muerte sin temor, es que no hay nada que temer en ella, pensaban. Por ello Séneca —que solía estar bastante angustiado por la idea de morir— decía que ver morir a los gladiadores era relajante y fortalecedor para el espíritu.

Había mucho de superioridad moral (y social) en eso: el gladiador era un infame, la categoría social más baja, por lo que si un infame era capaz de no temer a la muerte un aristócrata como Séneca no podía ser menos.

Al final, Séneca parece que logró superar sus temores hacia la muerte, pues cuando fue puesto entre la espada y la pared por Nerón, decidió finalmente acabar él mismo con su vida (para los romanos el suicidio no era algo deshonroso, sino una opción honorable para poner fin a la vida cuando ya no podía haber honor en ella, o para escapar de una muerte deshonrosa).

En cualquier caso, que el gladiador estuviese en lo más bajo de la escala social también era lo que lo hacía tan popular, tan accesible a todos: no existía nadie que estuviese por debajo de él, de modo que todo el mundo (hasta un esclavo o un mendigo) podía seguir su lección moral... si un gladiador podía ser valiente, todo el mundo podía ser valiente (en palabras de Séneca [*Epistulae*, 70.22a]: «los hombres son más prestos a despreciar la muerte si ven ese ejemplo realizado por los hombres más despreciables» [*plus enim a se quisque exiget, si viderit hanc rem etiam a contemptissimis posse contemni*]).

En esencia, el gladiador era la personificación de la valentía: un gladiador no temía a su rival (fuera quien fuera este en la arena), no temía a las heridas que recibía en la arena, y si finalmente le tocaba morir, no temía a la muerte que le daban en la arena (recordemos que el gladiador recibía voluntariamente la muerte, mostrando su garganta al vencedor para que este se la cortase).

Así, esta era una de las razones por las que los romanos iban a los combates de gladiadores, para hacerse fuertes contra la muerte, para desarrollar su desprecio por la muerte (*contemptus mortis*, un concepto central en la forma de entender el mundo en la Antigüedad, desde Homero, Esparta y Alejandro hasta los romanos, totalmente opuesto al concepto dominante en la sociedad actual, que vive acojonada por la muerte).

No obstante, el anfiteatro era mucho más que una escuela de valentía donde se enseñaba a no temer a nada. Por ejemplo, también era, ante todo, un lugar de disfrute, de entretenimiento... una fuente de placer (el nombre original del anfiteatro era *spectaculum*, porque ahí era donde se veía un *spectaculum*, «algo digno de ver, de contemplar [*spectare*]»).

El combate mismo de los gladiadores era también una fuente de todas esas cosas, pues su lucha era entretenida para las masas y les hacía disfrutar mucho.

No obstante, dejando a un lado los gladiadores, el resto de espectáculos que se daban en el anfiteatro también causaban placer y entretenimiento. En una sociedad donde la misericordia era un sentimiento penoso, a evitar, la muerte de animales y hombres resultaba una fuente de placer, de diversión, de disfrute.

La muerte de animales, junto al entretenimiento que aportaba ver las valerosas técnicas que empleaba el cazador (*venator*) para matarlos (otro ejemplo de valor), resultaba placentera también porque libraba al mundo de bestias dañinas que en su hábitat original causaban la muerte de campesinos y ganado. Era por tanto la obligación del emperador librar a sus súbditos de esa plaga, y por ello se le aclamaba.

La muerte de hombres (condenados) daba placer por los entretenidos métodos con los que eran destruidos (en ocasiones auténticas coreografías, como veremos, cap.12). Junto a esto, esos condenados a muerte eran criminales, individuos que habían atentado contra esa sociedad, por lo que esta sentía placer y tranquilidad al ver la destrucción de esos individuos. Era el deber de esa sociedad eliminarlos, y sentirse bien al hacerlo (como explican las fuentes, no cabía sentir otro sentimiento al ver esas muertes).

Era de hecho esa la razón que desde el plano ético y moral les hacía considerar aceptables esos espectáculos de destrucción humana (y animal), y disfrutar con ellos: una sociedad debía hacer lo correcto, y lo correcto para la sociedad romana era eliminar a los elementos que la amenazaban. No hacerlo era caer en la impiedad (entendida como falta de virtud), lo cual no solo era castigado por los dioses, sino que quienes no creían en estos también consideraban que era un error, pues quien no destruye al mal acaba siendo destruido por él (entendían). Sólo los impíos toleran el mal, y una sociedad de impíos era destruida tanto por los dioses como por los hombres, ese era el concepto, y por eso sentían placer, alivio y disfrute viendo la aniquilación de criminales (o de animales «dañinos»): creían que estaban limpiando su sociedad, haciéndola más virtuosa, lo cual sólo podía ser premiado por dioses y hombres. Estaban construyendo la prosperidad de Roma.

Ese concepto de destruir físicamente a los criminales explica también que en la Antigüedad no existieran prisiones (para confinar a presos a penas de privación de libertad, como existen hoy): mantener vivos a criminales, gastando además en alimentarlos y alojarlos (construir prisiones), era algo que ni se les pasaba por la cabeza, porque era impiedad igualmente (una sociedad que no tenía para alimentar a todos sus miembros no iba a gastar en alimentar criminales). Los condenados debían ser ejecutados tan pronto como fuera posible, y por tanto nunca se les planteó la necesidad de crear prisiones (nunca acumulaban una gran población de condenados). Tan pronto uno era condenado, se le ejecutaba (*e.g.* los 20.000 esclavos rebeldes de Espartaco, crucificados justo tras ser derrotados, o Cristo, crucificado inmediatamente tras la condena de Pilato).[1]

Y en todos los casos (muerte de animales, condenados o gladiadores) el espectáculo mostraba el poder de Roma, que se imponía sobre bestias y hombres (condenados o gladiadores, pues la muerte del gladiador era ratificada por la autoridad en el palco). Así, lo que también se exhibía en el anfitea-

---

1   El encarcelamiento (cuando ocurría) no era una pena en sí misma, sino una necesidad para mantener al reo custodiado hasta el día de la ejecución, que a veces podía demorarse mucho, en espera de una fecha propicia. Esto ocurría principalmente con personajes importantes, como Vercingetórix, que pasó seis años en el Tullianum (la Cárcel Mamertina, el principal calabozo de Roma) antes de ser ejecutado en el triunfo de César del año 46 aC. Reos menos relevantes también podían ser mantenidos en prisión cuando necesitaban reunir a un gran número de ellos para ejecutarlos a todos juntos en unos juegos concretos (*e.g.* los de la inaugación del Coliseo).

tro era el poder de Roma, y eso evidentemente también era placentero de ver para un romano.

Destruir animales (cap.1, 3) era mostrar el poder de Roma sobre la naturaleza, sometiéndola.

Destruir condenados (cap.4, 12) era mostrar el poder de Roma sobre el mal, eliminándolo.

Exterminar a pueblos enteros en la arena (cap.20) era mostrar el poder de Roma sobre los hombres, aniquilando a aquellos que consideraba indignos de poblar la tierra.

Inundar la arena para celebrar una naumaquia, o secar un lago a su término (cap.19), era mostrar el poder de Roma sobre los elementos.

Resumiendo, el poder de Roma no tenía límites, su voluntad era ley sobre todo lo que respiraba sobre la tierra, y sobre esta misma. Por encima de Roma sólo estaban los dioses, que le decían que su deber era someter a todo el orbe, civilizarlo (Virgilio [*Aeneidis*, 1.278-279] hace decir a Júpiter «al poder de los romanos no pongo límite en el espacio ni en el tiempo, les he dado un poder sin fin»,[2] lo que sin duda no fue invención de Virgilio, sino la convicción que los romanos tenían desde antiguo de que eran el pueblo elegido por los dioses para dominar el mundo).

Como vemos, lo primero que hace falta para dominar el mundo es creérselo, estar convencido de que puedes hacerlo, y para ello el anfiteatro era un instrumento esencial, una inyección de moral, pues —como hemos visto— sobre su arena solo se mostraba el poder de Roma, sometiendo a todos y a todo, nada que no fuese para mayor gloria de Roma se exhibía en los juegos anfiteatrales.

Y esa labor del anfiteatro como transmisor de ese mensaje, como medio de comunicación del poder del estado, también

---

2   Virgilio, *Aeneidis*, 1.278-279: «*His ego nec metas rerum nec tempora pono: imperium sine fine dedi*». La palabra latina *imperium* significa originalmente «poder», y de ahí que los romanos la aplicaran a la extensión de tierra bajo su control, pues eso era la manifestación física, tangible, observable, de su poder.

era importantísima, y explica también el papel fundamental del anfiteatro y sus espectáculos en la sociedad romana. Como hemos dicho, la gente de Roma (y de las distintas ciudades del imperio) no podía ver a sus legiones venciendo en las batallas, ni llegando al fin del mundo, conquistando nuevas tierras, gentes y bestias, pero todo eso era mostrado en Roma y en todas las ciudades del imperio gracias al anfiteatro: este llevaba a cada ciudad todo eso, y viéndolo sobre la arena, la gente podía hacerse una idea del poder de Roma.

Como vemos, el anfiteatro realizaba la función que hoy hace la televisión, a todos los niveles: permitía al pueblo ver el poder del estado (lo que te subía la moral, por pertenecer a ese estado, e igualmente te disuadía de revelarte contra él), lo que a su vez realizaba una labor informativa, de mantenimiento del statu quo (difundiendo los valores establecidos), permitía ver cosas con las que entretenerse (animales extraños, como en nuestros documentales de TV, o truculentas, como nuestras películas y series de horror), etc.

En cualquier caso, pese a semejanzas puntuales (el anfiteatro era la TV de entonces), esa forma de entender el mundo tiene poco que ver con la nuestra, veinte siglos después. Los valores son distintos, la mentalidad es diferente. Por ello, para tratar de comprender el mundo romano, para acercarse a él con ciertas garantías de entenderlo tal y como ellos lo entendían, hay que intentar hacer el esfuerzo mental de verlo como ellos lo veían. Esto quizá es imposible, pues inmersos como estamos en el mundo que nos rodea tal vez nunca podamos abstraernos de él completamente, de su sistema de valores y de sus ideas. Donde según los estándares de hoy nosotros no vemos más que crueldad y miseria humana, los romanos probablemente solo veían un entretenimiento público, un espectáculo vigorizante, sana diversión, y una exhibición de poder y riqueza.[3]

---

3   Plinio el Joven, *Panegyricus*, 33.1: «*Visum est spectaculum inde non enerve, nec fluxum, nec quod animos virorum molliret et frangeret, sed quod ad pulchra*

Como decía Hartley (frase que abre este prólogo), viajar al pasado es como hacerlo a un país extranjero: allí hacen las cosas de otra forma. Así, al mirar al pasado, para entenderlo, tenemos que hacer igual que cuando viajamos fuera, debemos intentar entender cómo piensa esa gente, para poder comprender por qué hacen las cosas como las hacen (una consecuencia de esto, que siempre nos asusta, pero a la que debe estar abierta toda mente racional, es que quizá la manera «diferente» en que lo hacen ellos es la correcta, al menos en algunos aspectos, y que somos nosotros los que estamos equivocados).

Quizá por ello nos fascina tanto la antigua Roma, y especialmente los espectáculos del Coliseo, porque muy en el fondo nos atrae cómo hacían las cosas, nos gustan, quisiéramos poder hacerlas igual (y por eso atestamos los cines y reventamos las audiencias viendo las películas, series y demás producciones que los recrean, única forma que tenemos hoy de ver esos espectáculos).

Al fin y al cabo somos sus descendientes: vivimos en las ciudades que fundaron los romanos, hablamos la lengua que nos dieron y nos gobernamos con las instituciones y concepción del mundo que crearon (desde los nombres de los días, los meses y el calendario hasta el derecho, el urbanismo o el concepto mismo de entretenimiento y espectáculo… pan y circo).

---

vulnera contemptumque mortis accenderet: quum in servorum etiam noxiorumque corporibus amor laudis et cupido victoriae cerneretur».
Se vio un espectáculo [de tipo] no afeminado ni flojo, ni del que ablanda y debilita los ánimos valerosos, sino del que incita a [sufrir] gloriosas heridas y al desprecio por la muerte: porque también en los cuerpos de los esclavos y los condenados se manifiesta el amor por la gloria y el deseo de victoria.

Otras de sus instituciones están más cuestionadas hoy, como la dictadura[4], el imperio, la tauromaquia[5] o el patriarcado.[6]

Sin duda, hay un aspecto de nuestro lado romano que nos da miedo. Es como un abuelo nuestro: le queremos, llevamos su nombre, somos clavados en las fotos, hablamos con las expresiones y palabras que nos enseñó, vivimos en la casa que heredamos de él… pero sabemos que tenía ideas y gustos que hoy ya no están de moda, y que por ello preferimos no contar.

En cualquier caso, es una herencia de la que no podemos escapar: desde las palabras que salen por nuestra boca hasta sentarnos en un bar, o en un retrete, mirarnos al espejo o viajar por una carretera… todo eso tiene origen romano.

Como vemos, llevamos la marca de Roma hasta en el escroto, o en el coño (dos palabras puramente latinas: *scrotum, cunnus*).

Ya que no podemos escapar de nuestra herencia romana, lo mejor quizá sea tratar de entenderla, pues así nos enten-

---

4   Roma nombró a su primer dictador en 501 aC, que fue seguido por otros 88 hasta Julio César, tras el cual ya no hubo más porque con la instauración del imperio todos los poderes recaían de facto en el emperador, que era así un dictador vitalicio.

5   El toro era el animal que más frecuentemente aparecía en los espectáculos anfiteatrales (al ser el más abundante y fiero de la fauna local de las tierras del imperio), como documentan las fuentes romanas (escritas y visuales), lidiándosele con un trapo rojo: Séneca, *De ira*, 3.30.1: «*Taurum color rubicundus excitat*» (al toro el color rojo le excita).

6   Marco Aurelio inicia sus *Meditaciones* (1.9) agradeciendo haber sido criado «en un hogar patriarcal». Los romanos no inventaron el patriarcado, pero lo desarrollaron, lo codificaron en sus leyes, y al implantar estas en todo su imperio lo extendieron universalmente, llegando hasta hoy pues los códigos legales de la mayoría de países occidentales derivan de las leyes y derecho romano.

Por ejemplo, celtas e íberos eran sociedades matriarcales, pero al ser derrotados y sometidos por los romanos estos les impusieron su patriarcado.

Otro ejemplo: en Roma solo los hombres eran ciudadanos, las mujeres no eran ciudadanos. Esa posición de inferioridad en derechos de la mujer frente al hombre pasó a los códigos de la Europa medieval, y de ahí hasta hace poco, cuando se ha logrado equiparar los derechos de la mujer a los del hombre (aunque aún no del todo en todos los ámbitos).

deremos mejor a nosotros mismos (en toda nuestra complejidad y contradicciones, como por qué nos atraen cosas que nos espantan… sigue dándonos miedo mirarnos en el espejo romano, porque sabemos que si hubiésemos nacido entonces, hubiésemos hecho lo mismo… es la naturaleza humana).

A continuación presentamos varias crónicas de espectáculos —escritas por las personas mismas que los presenciaron, incluso que los protagonizaron— que muestran cómo veían y qué eran para ellos los espectáculos del anfiteatro… esa fuente de placer para las gentes de hace dos mil años… esa escuela de valentía, esas lecciones de coraje.

Evidentemente el mundo ha cambiado mucho desde entonces hasta hoy, pero hay algo que no ha cambiado nada, que compartimos con los romanos de entonces, sufriéndolo exactamente igual que ellos: ellos tenían que morir (y murieron), e igualmente nosotros también tendremos que morir algún día.

Esa certeza era en parte en la que se basaba el éxito de los espectáculos anfiteatrales… dado que consistían en mostrar a individuos (y animales) enfrentándose al momento de la muerte, el espectador que los contemplaba podía preguntarse (como se preguntaba Séneca) si él sería tan valiente como el gladiador en el instante de morir, si recibiría a la muerte con ese mismo coraje inquebrantable.

Del mismo modo, y pese a todo lo que ha cambiado el mundo, el lector que lee hoy estos relatos no puede evitar preguntarse si cuando le llegue el momento de morir podrá hacerlo con la misma valentía que los individuos presentados en las páginas que siguen.

¿Fue Séneca valiente hasta el final? ¿No sintió la más mínima sombra de temor en su agonía?

NOTA:
Sobre el uso de la cursiva en el texto, utilizo esta para las palabras latinas (*e.g. munus*). En cuanto a las fechas, los años anteriores al nacimiento de Cristo van seguidos de aC (*e.g.* «la revuelta de Espartaco comenzó en 73

aC»). Los años posteriores al nacimiento de Cristo no van seguidos de nada (*e.g.* «Nerón murió en el año 68»).

Sobre las fuentes primarias, las obras escritas originalmente en latín aparecen con su título latino (*e.g.* Séneca, *De tranquillitate animi*), mientras que las escritas originalmente en griego aparecen con su título traducido al castellano (*e.g.* Aristóteles, *Retórica*).

En el texto hago referencia a las fotos de mi libro *Gladiadores: el gran espectáculo de Roma*. Para ello uso el término «foto» (*e.g.* «foto 51» quiere decir foto 51 del libro *Gladiadores*).

Introducción

Disponemos de tan pocos textos sobre los gladiadores y demás espectáculos anfiteatrales porque los historiadores de época romana consideraban que la historia debía tratar de «*res inlustres*» (los grandes hechos) y no de gladiadores y cosas de anfiteatro, que eran vistas como meros entretenimientos (Tácito, *Ann.*, 13.31.1; 13.49.1 y *Dial.*, 29). Por eso Dión Casio (72.18.13) se disculpa por tener que contar las andanzas de Cómodo en la arena, y por eso tenemos tantos escritos de hazañas de guerra (sus protagonistas eran los gloriosos soldados de Roma) y tan pocos de los espectáculos anfiteatrales.

Suetonio escribió un libro dedicado íntegramente a los juegos, donde se supone que explicaba todo lo referente a la gladiatura, pero lamentablemente se perdió.

Es evidente que todos esos espectáculos de los anfiteatros eran posibles porque en Roma no se daba ningún valor a la vida humana ni existía un concepto de misericordia. Sobre el valor de la vida humana, sólo los estoicos (Séneca, Marco Aurelio) creían que esta era algo digno de respeto: Séneca dijo que «el hombre es cosa sagrada para el hombre» (*homo, sacra res homini* [*Epistulae*, 95.33]) y Marco Aurelio prohibió los combates gladiatorios a muerte, pero la mayoría de la población de Roma pasaba de los estoicos, no compartían las ideas de Séneca y Marco Aurelio, especialmente las clases populares, que de hecho se burlaban de ellos por tener esa sensibilidad (cuando Marco Aurelio prohibió a los gladiadores luchar a muerte, la plebe de Roma dijo de él que iba a poner a los gladiadores a estudiar filosofía…). Así, la plebe quería seguir viendo a los gladiadores matándose sobre la arena, espectáculos de muerte, y como eso era lo que entretenía a la gente, eso es lo que los gobernantes siguieron dándoles (independientemente de lo que dijesen las corrientes más humanitarias: el estoicismo primero y el cristianismo después).

Sobre que no existía un concepto de misericordia, esto sí era universal en Roma, compartido tanto por estoicos como por el vulgo (Séneca pensaba que la vida humana era sagrada, pero la misericordia le parecía un vicio… esta aparente contradicción se explica fácilmente: Séneca pensaba que la vida humana era sagrada, la vida de los hombres justos… por el contrario los hombres injustos [criminales] merecían ser castigados, y por tanto no cabía sentir misericordia por ellos [al recibir su justo castigo] porque entonces eras tú quien estaba actuando injustamente, por eso consideraba que la misericordia era un vicio [porque corrompía al justo, le hacía actuar injustamente]). La actitud predominante era la promulgada por Aristóteles, quien pensaba que la misericordia (ἔλεος) era un sentimiento penoso (*i.e.* que causa pena o pesar al que lo experimenta), consecuencia de ver un mal destructivo que uno podía esperar que le afectase a uno mismo o a los suyos. Esta opinión la compartían Cicerón y Séneca. Así, la misericordia (compasión por otros)[7] no parecía un sentimiento muy atrayente de experimentar, por lo que se evitaba (a título personal). De un modo más general, como vicio que interfería con la justicia y su aplicación (la concepción de Séneca ya citada), la misericordia incluso se censuraba si se veía en otros, de manera que a menudo encontramos a las élites intelectuales (*e.g.* Séneca o Plutarco)

---

7   Griegos y romanos distinguían entre piedad (devoción y respeto hacia lo divino) y misericordia (compasión por los demás). La primera era una virtud, la segunda un vicio. El cristianismo convirtió la misericordia en una virtud (pues Cristo se compadeció de todos, nacidos y por nacer, redimiéndonos en la Cruz), razón por la cual hoy entendemos piedad y misericordia como sinónimos, a diferencia de griegos y romanos.

criticando a aquellos espectadores (generalmente de clase baja) que, al contemplar alguno de esos entretenimientos, se dejaban emocionar, sintiendo compasión por individuos que no merecían ninguna.[8]

Y eso respecto a ver sufrir a hombres libres, pues las vidas de los esclavos, prisioneros de guerra y criminales eran aún menos apreciadas. Por ejemplo, sobre los esclavos (*servi*), son llamados «instrumentos parlantes» (*instrumenti genus vocale*) por Varrón (*Rust.*, 1.17.1). Es decir, ni siquiera los consideraba personas, seres humanos, sino «instrumentos», herramientas, como los animales de carga, con la única diferencia (relevante para él) de que los esclavos «podían hablar» mientras que los animales no (diferencia que era relevante para Varrón porque así al esclavo podía darle una orden, porque la entendía [y la ejecutaba], mientras que al animal no, único rasgo por el cual el esclavo era un instrumento para el trabajo más eficiente que la bestia).

Por tanto, el valor que se daba a la vida de esclavos y condenados —que estaban fuera de la sociedad— era aún menor que el que se daba a la vida de personas libres, que ya hemos visto que tampoco era mucho. Un buen ejemplo de lo poco que importaba la vida de los condenados lo da una inscripción hallada en Paduli (*ILS*, 5063a), que lo expresa con toda crudeza. La inscripción detalla lo más relevante de un espectáculo: «*feris n IIII ursis XVI / noxeis IIII et ceteris herbariis*», es decir, que se mataron 4 fieras (felinos), 16 osos, 4 *noxii* (condenados) y varios herbívoros... la muerte de los cuatro condenados es solo la tercera cosa más destacada, por detrás de los felinos y de los osos (que lógicamente eran más interesantes para el público por ser animales que no se veían con frecuencia, y muy caros).

---

8   Aristóteles, *Retórica*, libro 2, 8, 1385b, 13-16; Cicerón, *Tusculanae disputationes*, 4.18; Séneca, *De clementia*, 2.5.1; Plutarco, *Moralia*, 554b=*Sobre los retrasos de la venganza divina*, 9.

Por otro lado, la alegría que causaba ver la ejecución en la arena de los prisioneros de guerra la expresa perfectamente Símaco.

> SÍMACO, *Relationes*, 47: «lo que vimos nos admiró, una fila de gente vencida y encadenada, y sus rostros que anteriormente habían sido salvajes estaban mudados por el miserable palor (del terror). Estaban de pie en medio de la arena, sometidos a nuestro placer, quienes antes fueron una amenaza (para nosotros), y quienes habían acostumbrado sus manos a (empuñar) las armas de su pueblo, empuñaban ahora las armas gladiatorias».

La vida de los animales tampoco inspiraba ningún respeto, ni cariño. En una famosa anécdota, Augusto, al ver a ricos extranjeros haciendo carantoñas a sus mascotas (perritos y monos), les preguntó si es que las mujeres de su tierra no parían niños (para tener que dedicar a animales semejantes atenciones, que deberían ser exclusivas de humanos según Augusto [Plutarco, *Pericles*, 1.1]). Y si esa era la opinión sobre animales inofensivos tales como perritos y monos, podemos entender que respecto a animales peligrosos para el hombre considerasen que debían exterminarlos. De ahí que surgiesen las colosales cacerías (*venationes*) que celebraban en los circos y anfiteatros, que no eran más que el medio de destruir a esos animales dañinos ofreciendo un espectáculo al pueblo.

Es cierto que admiraban las cualidades de los grandes animales salvajes,[9] pero una vez que los habían exhibido en la arena y todo el mundo los había visto no concebían que pudiera hacerse otra cosa con ellos salvo matarlos (¿qué

---

9   Solo un pueblo que admiraba a los animales podía escribir líneas como las siguientes:
Plinio, *NH*, 11.1.4: «*turrigeros elephantiorum miramur umeros taurorumque colla et truces in sublime iactus, tigrium rapinas, leonum iubas*».
Admiramos los hombros del elefante cuando lleva sobre ellos la torreta, y también el cuello terrible del toro que envía alto [lo que se le pone por delante], la carnicería que causa el tigre, la melena del león.

hacer si no con una bestia como un elefante, un león, un cocodrilo o un hipopótamo?[10]). Esa actitud la ilustra perfectamente un fragmento de Marcial, sobre un león enorme que levantó la admiración de todos cuando fue exhibido en una cacería de Domiciano en el Coliseo.

> MARCIAL, *Epigrammata*, 8.55.9-12: «¡Oh, qué león tan hermoso! ¡Qué melena tan magnífica! … ¡Qué dignos de su ancho pecho fueron los venablos que lo mataron y cuánto gozo produjo su noble muerte!».

Es decir, esa fiera era admirable, y sin embargo la mataron… o quizá debemos decir mejor que debido precisamente a que era tan admirable la mataron, pues su grandeza merecía el honor de recibir la muerte de armas romanas, en la célebre arena de Roma (en lugar de tener una muerte anónima y mucho menos honorable en su ignota selva natal). Ciertamente creían que estaban honrando y distinguiendo a esas bestias al concederles el honor de morir así, en sus cacerías, del mismo modo que Marcial sabía que estaba concediendo una distinción enorme a ese león al darle la inmortalidad citándolo en uno de sus epigramas (nada sabemos de quién lo mató, pero la memoria de ese león ha llegado hasta nosotros gracias a esos versos).

En conclusión, con esta introducción hemos querido que el lector tenga presente desde el principio que la carencia de un concepto de misericordia y el hecho de que no se daba ningún valor a la vida de los seres que aparecían en la arena (ya fuesen humanos o animales) era la base que permitía la celebración —y disfrute— de los espectáculos que a continuación narramos (desde la perspectiva de quienes los contemplaron o los protagonizaron).

---

10 Bestias todas cuyas necesidades de espacio y comida son enormes: *e.g.* un elefante come diariamente 200 k de forraje, y un león 10 k de carne.

«¿Que los hombres luchan a muerte? Nos parece poco.
¿Qué quedan despedazados? Nos parece poco.
Que sean aplastados por los animales más enormes»

«Depugnant. Parum est.
Lancinantur. Parum est:
ingenti mole animalium exterantur»
Séneca, *De brevitate vitae*, 13.6

1. Los elefantes de Pompeyo

Año: 55 aC (699 de la fundación de Roma)
Lugar: Circo Máximo, Roma
Tipo de espectáculo: *venatio*

El año 55 aC Pompeyo inauguró el templo a *Venus Victrix* (Venus victoriosa), cuya escalinata de acceso era el para nosotros llamado Teatro de Pompeyo (ya que el Senado no permitía la construcción de teatros en piedra en Roma, y que Pompeyo quería levantar uno, este tuvo la idea de construir un templo —algo que el Senado no podía vetar— con la particularidad de que las escaleras de acceso sirvieran de grada para ver obras de teatro). Para celebrar tan señalada ocasión Pompeyo ofreció varios días de juegos, destacando entre ellos *venationes* en el Circo Máximo. Estas cacerías incluyeron, entre otros espectáculos colosales, la matanza de quinientos leones a lo largo de cinco días.

Pero las cacerías de leones eran algo ya visto desde hacía mucho tiempo en Roma, y Pompeyo —enfrascado en una lucha sin cuartel contra César por ganarse el favor del pueblo— quería ofrecer algo absolutamente nuevo, que impactara a la gente, para superar así los espectáculos que hasta entonces hubiese ofrecido cualquier otro (especialmente los dados por César en 65 aC). Se le ocurrió así a Pompeyo celebrar una cacería de elefantes: hombres cazando a las mayores bestias de la tierra, un espectáculo nunca antes visto en Roma… algo que jamás podría ser superado, ni por César ni por nadie.

Ese querer ofrecer siempre espectáculos más atroces y brutales fue criticado por Séneca un siglo después (con las palabras que abren este capítulo).

En cualquier caso, Pompeyo acertó con su decisión, y el combate de elefantes y hombres, celebrado el último día de juegos, fue el evento que más impresionó a los romanos de todos cuantos se habían celebrado hasta entonces en la ya larga historia de la Urbe. Los espectadores quedaron tan impactados porque la cacería tomó un giro más encarnizado aún de lo que ya de por sí era normal en la Roma de la época, tanto que los autores consideraron que merecía ser puesta por escrito. Plinio el Viejo es quien mejor recoge el episodio.

> PLINIO, *NH*, 8.7.20-21: «Veinte elefantes, o según dicen algunos dieciocho, combatieron en el circo contra varios getulos, que los atacaron con jabalinas. Uno de estos animales luchó de la más extraordinaria de las maneras, pues habiéndole herido los pies (le habían cortado a hachazos los tendones del talón de las cuatro patas), se arrastró sobre sus rodillas hasta sus atacantes, y cogiendo sus escudos, los lanzó alto en el cielo, y la caída de estos hasta el suelo divirtió mucho a los espectadores, pues cayeron haciendo círculos, como si hubiesen sido lanzados con cierto grado de destreza en vez de con la furia de una bestia. Ocurrió otro hecho muy extraordinario: un elefante quedó muerto de un solo golpe. El *pilum* entró en el animal por debajo del ojo, y alcanzó la parte vital de la cabeza. Los elefantes intentaron

también, todos juntos, derribar la verja metálica, causando gran desasosiego entre la gente que se encontraba al otro lado. … sin embargo, cuando los elefantes perdieron toda esperanza de escapar, suplicaron la misericordia del público mediante gestos imposibles de describir, y con una especie de lamento barritaron su infeliz destino. Tan profundamente conmovida quedó la gente por la escena que, olvidando al general (Pompeyo) y los juegos que les había ofrecido, todo el público rompió a llorar, y dedicaron un diluvio de maldiciones a Pompeyo, de las cuales él pronto fue víctima (referencia a que fue asesinado siete años después)».

Más allá del épico combate del elefante cojo, o del golpe que mató a otro en el acto, lo más destacable de este episodio es que es la única ocasión documentada en toda la historia de Roma en que el público de las *venationes* mostró lástima por los animales que estaban siendo masacrados en la arena. Esto se debió sin duda a que reconocieron en los elefantes una mayor similitud con el hombre, por su gran inteligencia[11] (los vieron actuar juntos, coordinadamente, para intentar echar abajo la verja) y porque el verlos barritar a todos en grupo les recordó a ellos mismos orando a sus dioses.

En palabras de Cicerón, que fue uno de esos espectadores presentes en esa ocasión, «los elefantes … causaron gran admiración en el pueblo … incluso misericordia, y la opinión de que esa bestia congenia con el género humano» (*Ad familiares*, 7.1).

Pero no nos dejemos engañar, más similitud con el género humano tenían, obviamente, otros humanos, y en ese caso no sentían ninguna misericordia, no tenían el menor problema en verlos ser masacrados sobre la arena. La razón verdadera de la misericordia (hipócrita y única [solo registrada en esa ocasión]) que sintieron los romanos ese día fue otra muy distinta, y poderosa: al ver a los elefantes barritar en grupo, con sus trompas alzadas hacia el cielo, se despertó en

---

11   Plinio, *NH*, 8.1.3 *«elephans proximumque humanis sensibus»* (el elefante es el más próximo al hombre en inteligencia).

los romanos algo que siempre estaba muy presente en ellos, el temor supersticioso a fuerzas desconocidas, pues creyeron que los elefantes estaban invocando a sus dioses, para que castigasen a esos hombres que los estaban tratando así y que habían roto la promesa de devolverlos a África sanos y salvos (existía la creencia de que los elefantes solo subían a un barco después de que el hombre que los guiaba, su cuidador, les hubiese prometido que no les ocurriría nada en su viaje, y que los devolvería a África sin sufrir ningún daño).

Una promesa incumplida era para los romanos lo que peor suerte podía traer en el mundo, junto a lo cual entendieron que los dioses a los cuales los elefantes estaban rezando se vengarían en ellos, todo lo cual explica que actuaran del modo en que lo hicieron: lloraron desesperados de miedo, y para tratar de librarse de la venganza de los dioses de los elefantes y de la mala suerte por haber roto la promesa hecha a esos animales, buscaron un responsable que cargara con todo eso, encontrándolo lógicamente en Pompeyo, la persona que había montado ese espectáculo, responsable último de que esos elefantes hubiesen sido traídos de África, junto con los cazadores getulos que los estaban matando. Así, los espectadores, «maldecidos» por los elefantes, maldijeron a su vez a Pompeyo, reconduciendo así la maldición de los elefantes. De esa manera, los espectadores salieron algo más tranquilos del circo, y aún más tranquilos se quedaron, junto con todo el pueblo de Roma, cuando siete años después supieron que Pompeyo había sido asesinado: todos interpretaron que se debió a las maldiciones de ese día (así vemos que lo entiende Plinio en el fragmento anterior, que escribió en el año 77, *i.e.*, 132 años después del incidente de los elefantes).

Aparte de todo eso del desenlace final de la cacería, con los elefantes barritando en grupo y los romanos asustados creyendo que los estaban maldiciendo, el relato de Plinio da detalles muy interesantes sobre cómo solían celebrarse las *venationes* por aquella época en Roma. En primer lugar, vemos que los encargados de cazar a los elefantes son getulos (*gaetuli*), un pueblo nómada que habitaba en la región comprendida entre el sur de la cordillera del Atlas y el norte del desierto del Sahara. En esa época dicha región estaba también habitada por elefantes, concretamente el elefante norteafricano (*Loxodonta africana pharaonensis*), una especie distinta de las actuales dos especies de elefante africano (este elefante norteafricano fue el que usaron siempre los cartagineses en sus guerras, al igual que la dinastía ptolemaica en Egipto). Por tanto, dado que los getulos vivían con los elefantes, eran expertos en cazarlos, razón por la cual Pompeyo decidió que fuesen ellos quienes realizaran la caza en el Circo Máximo ¿Quién mejor sino?

Que en las *venationes* los hombres encargados de cazar a los animales fuesen del mismo lugar de origen que los animales era ya para tiempos de Pompeyo una costumbre asentada en Roma, pues —por ejemplo— en 93 aC cien leones de Mauritania fueron muertos con jabalinas por cazadores mauritanos. Este sistema de usar cazadores del lugar, además de la ventaja de asegurar el mejor espectáculo posible (pues los cazadores del área de origen de un determinado animal eran quienes mejor sabían cazarlo, con las técnicas más vistosas), también abarataba los costos del espectáculo, pues los mismos cazadores que mataban a los animales en Roma eran quienes los capturaban en su lugar de origen, y quienes se encargaban también de su custodia y alimentación durante el viaje hasta Roma y durante los días previos a ser exhibidos en la arena. Nadie mejor que ellos sabría cómo capturar a esos animales, y la dieta y cuidados que necesitaban para mantenerse vivos y en buen estado hasta el día del espectáculo.

Así, debemos pensar que esos getulos que mataron a los elefantes en el circo fueron también quienes los capturaron en África, y quienes los acompañaron durante toda la travesía hasta Roma.

En este sentido podemos entender la 'indignación' de esos elefantes, que al ser soltados en el circo se vieron traicionados por esos cuidadores suyos, que los habían atendido durante todos esos días, y que entonces cambiaban de actitud y decidían matarlos (por la sórdida ganancia, las monedas que Pompeyo les había pagado por ofrecer ese espectáculo).

Que los getulos eran expertos cazadores de elefantes resulta evidente por el relato de Plinio, pues usan las técnicas más efectivas —y que requerían más destreza— para cazar al paquidermo, tales como dejarlos cojos cortándoles los jarretes de un hachazo (técnica recogida por Plinio en *NH.*, 8.8.26) o clavarles una jabalina justo debajo del ojo, hazaña que requiere de gran puntería, y de saber que justo por ahí la jabalina puede penetrar causando la muerte instantánea del animal.

La cantidad de elefantes necesarios para semejantes cacerías en las arenas de Roma fue tan grande que el elefante norteafricano (el que los romanos podían capturar más cerca) se extinguió pocos años después, momento a partir del cual ya solo pudieron usar elefantes indios (*Elephas maximus*). El elefante sirio (*Elephas maximus asurus*, una subespecie del elefante indio) parece que ya había quedado extinguida para el año 100 aC, por su intenso uso como animal de guerra por parte del imperio seléucida. Todo indica que los romanos nunca entraron en contacto con las dos especies de elefantes africanos existentes actualmente, pues estas vivían muy al sur.

En cualquier caso, la dramática muerte de los elefantes de Pompeyo, al impresionar tanto a los espectadores, tuvo una consecuencia positiva para ese animal: como los romanos percibieron que el elefante era el animal más afín al hombre, y el más inteligente tras este, le dieron un estatus especial, y durante el imperio solo el emperador podía poseer elefantes, y ya generalmente nunca era cazado en las *venationes*, sino que en ellas aparecía luchando contra otros animales (rinocerontes, toros, bisontes, búfalos) a los que lógicamente siempre vencía, o realizando números acrobáticos (como caminar sobre cuerdas, hacer malabarismos con objetos o bailar al son de la música). En definitiva, matanzas de elefantes como la de 55 aC ya no se verían en las *venationes* del imperio.

Pero, de nuevo, no seamos del todo inocentes: si el pueblo no hubiese reaccionado tan mal ante el espectáculo y, sobre todo, si Pompeyo no hubiese muerto asesinado (una forma de muerte indigna para un romano, que interpretaban como propia de saldar una venganza), y solo siete años después, quizá los siguientes gobernantes hubiesen seguido masacrando elefantes en la arena, porque —como Pompeyo— hubiesen seguido pensando que ese era el mejor espectáculo que podía ofrecerse, al tratarse del mayor de los animales. Sin embargo, el asesinato de Pompeyo estableció la creencia supersticiosa de que matar elefantes traía mala suerte, de que los dioses de los elefantes eran tan poderosos que podían matar a los más poderosos de los romanos, y así ningún político romano posterior a Pompeyo quiso imitarle cazando elefantes en la arena.

2. *Damnatio ad gladium*

Año: 62 (815 de la fundación de Roma)

Lugar: anfiteatro de madera de Nerón (Campo de Marte, Roma)

Tipo de espectáculo: *ludi meridiani*

En julio del año 62[12] caminaba un día Séneca por Roma sin saber muy bien qué hacer, cuando se le ocurrió, ya que era la hora del mediodía (*meridianus*), entrar al anfiteatro a ver los espectáculos que se estaban celebrando. Lo que vio nos lo describe en su séptima carta a Lucilio.

> SÉNECA, *Epistulae*, 7.3-4: «Por casualidad entré en el espectáculo de mediodía. … En ese momento se realizan verdaderos homicidios: los condenados no llevan ninguna protección, todo su cuerpo está expuesto, por lo que todas las estocadas que lanzan alcanzan la carne. … Los espectadores insisten en que al matar a su rival, el vencedor sea

---

12   Entre el 20 y 30 de julio, fecha de celebración de los *ludi victoriae caesaris*.

enfrentado a otro adversario, y al nuevo vencedor le espera lo mismo, de modo que vencer en un combate solo significa aplazar la muerte para otro combate».

En otras palabras, Séneca nos está describiendo una de las formas típicas de ejecución que podían verse durante los *ludi meridiani*, la llamada *damnatio ad gladium* (condena a la espada). Como explica Séneca, la *damnatio ad gladium* consistía en sacar a la arena a dos condenados a muerte que estaban desnudos (o que solo vestirían el *subligaculum*, taparrabos) y que llevaban cada uno un *gladius* (espada corta). Se les ordenaba entonces luchar a muerte, y dado que iban desnudos (no tenían nada con lo que parar los golpes) el combate era rápido, ya que normalmente el primer golpe que alcanzaba a uno decidía el combate, pues el que lo recibía quedaba muerto o herido, e incapaz de defenderse de un segundo golpe que sí lo mataría.

Como dice Séneca, el vencedor de ese combate era enfrentado a otro condenado *ad gladium*, y así sucesivamente hasta que todos los condenados *ad gladium* de ese día se habían exterminado entre ellos.

Séneca no lo dice explícitamente en su fragmento, pero por otras fuentes sabemos que el vencedor final también era ejecutado. En este caso, como ya no quedaban más condenados, lo mataba un *venator* o un soldado, o incluso un gladiador esclavo, pero nunca un gladiador libre (un voluntario, *auctoratus*), pues estos consideraban denigrante hacer eso (solo luchaban contra sus iguales).

Que todos los condenados muriesen, incluido el último vencedor, era lógico, pues todos eran condenados a muerte, y la condena debía cumplirse, obviamente. Séneca en su fragmento da a entender eso cuando dice «*exitus pugnantium mors est*» («el resultado de la lucha es la muerte», que hemos traducido arriba más ampliamente como «vencer en un combate solo significa aplazar la muerte para otro combate»).

Ante eso, dado que no había ninguna expectativa de salir vivo, podemos preguntarnos por qué los condenados que eran sacados a la arena se empeñaban en luchar, en lugar de —por ejemplo— negarse a hacerlo, privando así a los espectadores de divertirse a su costa. La explicación la da también Séneca en el fragmento, al decir «*ferro et igne res geritur*» (hierro y fuego mantienen la cosa en curso), es decir, operarios de la arena armados con hierros al rojo vivo se encargaban de que la pareja de condenados se acometiese a muerte, pues de lo contrario les quemaban con los hierros. Ese personal de la arena encargado de semejante tarea eran los llamados —muy apropiadamente— *incitatores*, pues mediante las quemaduras que causaban incitaban a los condenados a luchar entre sí (los *incitatores* en ocasiones eran también llamados *lorarii*, si en lugar del hierro al rojo usaban un látigo [*lorum*]).

Séneca en su fragmento también muestra la acogida que semejante espectáculo tenía entre los espectadores.

> SÉNECA, *Epistulae*, 7.4: "La mayoría prefiere estos combates a los combates ordinarios de gladiadores o a los combates de gladiadores famosos. ¿Cómo no preferirlos? No llevan yelmo ni escudo que repela la espada. ¿Para qué llevar protecciones? ¿Para qué saber esgrima? Todo eso solo sirve para retrasar la muerte».

Esas líneas expresan claramente que la mayoría del público (las clases bajas, la plebe) prefería esos espectáculos al resto, incluso a los de gladiadores, aunque se tratase de los gladiadores de máximo nivel (*postulaticii*). Esto parece un poco exagerado, y en parte puede deberse al tema general de esa séptima carta a Lucilio, en la que Séneca quiere mostrar los muchos vicios del pueblo llano, lo decadente que es este comparado con la clase alta (a la que pertenecen Séneca y Lucilio), y que por tanto los miembros de las clases altas no deben tener ningún contacto con el pueblo llano, pues nada bueno pueden sacar de esa relación, sino todo lo contrario, contagiarse de alguno de los vicios o defectos de la plebe.

Esa diferencia entre la plebe y la clase alta queda clara en este fragmento, al decir Séneca que «la mayoría» (la plebe) prefiere estas innobles luchas de condenados antes que los más honorables combates de gladiadores, que son el espectáculo preferido de la clase alta (*e.g.* del propio Séneca).

No obstante, Claudio era un gran fan de las *damnationes ad gladium* («se deleitaba especialmente viendo a los que se hacían pedazos a mediodía», Dión Casio, 60.13.4), debido a su naturaleza sádica, aunque ciertamente prefería los combates de gladiadores (los daba constantemente).

Pensaban que las luchas de condenados eran innobles porque no daban a los contendientes opción de sobrevivir, y por el mismo estatus de esos condenados, mientras que los combates de gladiadores eran honorables porque había opción de sobrevivir, y porque el estatus de los gladiadores era más alto que el de los condenados.

Lo morboso y enfermizo del pueblo queda claro al expresar Séneca que la gente solo quiere ver muertes, y cuantas más y más rápido mejor. ¿Para qué llevar protecciones como los gladiadores? ¿Para qué saber esgrima como los gladiadores? Eso solo sirve para evitar los golpes mortales, y eso no es lo que quiere ver la gente, sino muertes y heridas atroces, en cuerpos desnudos. Por tanto, para ellos no tiene mucho interés ver combates de gladiadores, pues estos la mayoría de las veces no se matan, y cuando lo hacen tardan demasiado y no resulta tan espectacular (al gladiador vencido que recibía el veredicto de muerte se le administraba esta de modo aséptico [cortándole la garganta, apuntillándolo o atravesándole el corazón], lo cual era poco espectacular si lo comparamos con las mutilaciones que se infligían los condenados *ad gladium*, pues al no llevar protecciones se daban golpes en cualquier parte del cuerpo).

Ese retrato despiadado que Séneca hace del pueblo lo completa con las líneas que continúan el fragmento, en las que recoge lo que esos espectadores gritan desde sus gradas a los condenados que están matándose en la arena.

SÉNECA, *Epistulae*, 7.5: «"¡Mata, azota, quema!" («azota» y «quema» es lo que gritan a los *incitatores*, para que azoten y quemen a los condenados que no luchan con brío). "¿Por qué es este tan tímido a la hora de arrojarse contra la espada?" "¿Por qué mata ese tan timoratamente?" "¿Por qué muere aquel con tan poca gana?" "¡Que a golpes los obliguen a herirse, y a encajar ambos los golpes en sus pechos desnudos!". Ni siquiera callan cuando llega el intermedio, pues entonces gritan: "¡Entre tanto degollad algunos hombres, para que no cese el espectáculo!"»

Esta imagen que Séneca pinta nos resulta tan realista porque vemos que capta perfectamente la exigencia (rayana en lo imposible) del público, que convertido en tirano siempre pide más, nunca está satisfecho, una constante que se ha mantenido en el tiempo, y que vemos que aún sobrevive hoy (actualmente el público no pide que los actuantes mueran en la arena, pero casi en algunas ocasiones, solo basta escuchar lo que a veces exigen los espectadores de estadios, plazas de toros o combates de boxeo, por no citar otros espectáculos). Y es que los públicos de todas las épocas siempre han creído que tienen derecho a exigirlo todo, y cuando se lo dan a menudo todavía quieren más.

Ballena, mosaico de Lod, siglo IV.

3. *Venatio* de una ballena

Año: entre el 41 y el 54 (794 - 807 de la fundación de Roma)
Lugar: puerto de Ostia
Tipo de espectáculo: *venatio*

Las *venationes* siempre se realizaban en anfiteatros o circos, pero en una ocasión Claudio ofreció una en el puerto de Ostia. El motivo de elegir semejante recinto fue el animal escogido para ser cazado en la *venatio*, una ballena orca. Ante la imposibilidad obvia de trasladar al cetáceo a Roma y ofrecer la *venatio* en la *naumachia* de Augusto (estanque para celebrar *naumachiae* [batallas de barcos] que podría haber acogido ese espectáculo), Claudio —que era un tío pragmático— decidió llevar a los espectadores a donde estaba el animal, cosa que además le venía de maravilla para así dar a conocer al pueblo las grandes obras que estaba realizando en el puerto de Ostia.

Entre los espectadores que presenciaron semejante *venatio* se encontraba Plinio, por entonces un veinteañero, quien puso por escrito lo que vio.

> PLINIO, *NH*, 9.5.14-15: «Mientras Claudio estaba construyendo el puerto de Ostia, una orca llegó hasta allí atraída por varios cueros que cayeron al agua desde un barco, alimentándose de ellos durante varios días. Sin embargo, el viento y las olas acumularon arena en la boca del puerto, de manera que ya no pudo salir, quedando atrapada en las aguas poco profundas del puerto. Así, al perseguir su comida para alimentarse, se acercaba tanto a la orilla que su dorso sobresalía fuera del agua como la quilla de un barco puesto al revés. Al saber de esto el césar, ordenó que la boca del puerto se cerrase con muchas redes extendidas, mientras él mismo se dirigía allí con las cohortes pretorianas, y así ofreció un espectáculo al pueblo de Roma: los soldados, a bordo de barcas, arrojaron lanzas a la bestia, y vimos cómo uno de los botes quedó sumergido por el agua que el animal expulsaba al respirar».

Por el relato vemos que la orca (cetáceo frecuente en el Mediterráneo, especialmente en aquella época), al intentar atrapar los cueros que eran su comida, se acercaba tanto a la orilla que su dorso asomaba casi completamente fuera del agua. Esto no quiere decir que quedase varada, sino que las olas debieron de llevar algunos cueros hasta la misma playa, por lo que este animal usó su conocida habilidad para acercarse hasta la playa, agarrar su presa y luego arrastrarse de nuevo hasta el agua (como tantas veces hemos visto en los documentales de TV). Que la ballena se encontraba nadando en las poco profundas aguas del puerto (y no varada en la arena de la playa) lo prueba el hecho de que cuando la cacería se inicia los soldados la atacan desde barcas, y que de hecho una de estas queda sumergida (*mergi*). Si la orca hubiese quedado varada en la arena no habrían necesitado barcas para atacarle, los soldados podrían haber llegado a pie hasta ella.

Plinio no cuenta el final de la cacería, pero podemos tener por seguro que la orca acabó muerta, acribillada a lanzazos: no tenía escapatoria en el puerto, y el desarrollo típico de una *venatio* era que una vez iniciado el ataque sobre el animal este terminaba muerto (Plinio tampoco dice que los elefantes de Pompeyo acabasen muertos, pero por la misma razón, porque da por sentado que así lo entendían sus lectores, no era necesario decirlo explícitamente).

«Bárbaros en la arena verás recibir gravísimas heridas sin quejarse»

«barbaros in harena videris excipientis gravissimas plagas et ferentis silentio»

Cicerón, *Tusculanae disputationes*, 2.46

4. Batalla de 700 criminales contra otros 700

Año: hacia el 44 (797 de la fundación de Roma)
Lugar: anfiteatro de *Berytus* (Beirut, Líbano)
Tipo de espectáculo: *ludi meridiani*

La ejecución *ad gladium* descrita por Séneca (cap. 2) vimos que consistía en eliminar a los condenados haciéndoles enfrentarse en sucesivos combates de dos: se realizaba un combate, moría uno de los dos y el vencedor era entonces enfrentado a un nuevo condenado… y así hasta que todos los condenados estaban muertos (al último vencedor lo mataba un *venator*, un soldado o un gladiador esclavo). Esa forma de *damnatio ad gladium* permitía que el espectáculo durase más, dosificando las muertes de una en una, pero en ocasiones eran tantos los condenados que eso no era viable, o se deseaba realizar una batalla con todos ellos. En este caso se usaba la otra modalidad de *damnatio ad gladium*, la grupal (*gregatim*, combate en grupo).

Como puede adivinar el lector, la *damnatio ad gladium* grupal consistía en sacar a la arena a todos los condenados a la vez, y que luchasen al mismo tiempo (no quería decir que hubiese necesariamente dos bandos, cosa que podía ocurrir a veces, sino que simplemente todos eran sacados a la arena a la vez y se enfrentaban como querían, haciendo bandos o no, individualmente o no).

Una de estas *damnationes ad gladium* grupales la ofreció Herodes Agripa (rey títere que los romanos pusieron en Judea del año 41 al 44, cuando murió) en el anfiteatro de *Berytus*, que él mismo había ordenado construir. La fecha probable de esta *damnatio* sería el año 44 (si ordenó levantar el anfiteatro tan pronto fue coronado, en 41, la construcción del edificio no podría haberse concluido hasta al menos el 44, antes de su muerte).

Según las fuentes, la *damnatio ad gladium* grupal era más interesante para el espectador que la de parejas sucesivas (la descrita por Séneca), pues la reacción de los condenados en grupo era impredecible (pues no había *incitatores* que los controlasen, algo imposible con tantos condenados armados): así, los luchadores podían decidir combatir individualmente o formar equipos para matar al resto y, en un determinado momento, tendrían que enfrentarse a sus propios compañeros de equipo.

> JOSEFO, *Antigüedades judías*, 19.7.5: «exhibieron a los muchos luchadores para agradar a los espectadores: nada menos que 700 hombres para combatir a otros 700, todos los malhechores que había (en prisión), de manera que todos recibiesen su castigo mediante ese ejercicio, y que ese espectáculo de guerra sirviese de recreación en tiempos de paz. Así fueron destruidos todos esos criminales de una sola vez».

Encontrarse luchando en la arena en una de esas batallas era evidentemente una locura, pues todos sabían que el espectáculo no iba a terminar hasta que estuviesen todos muertos, por lo que algunos optaban por suicidarse en medio de la lucha (aprovechando que tenían un arma en sus manos), tal y como cuenta Séneca (*Epist.*, 70.26, lo vemos más abajo [cap.9]) con respecto a una *naumachia* (que no era más que una *damnatio ad gladium* grupal sobre barcos). No hay documentado ningún caso de suicidio en una *damnatio ad gladium* «de seco», pero sin duda debió de ocurrir también en varias ocasiones.

5. El dios del martillo: reventando cráneos a martillazos

Año: desde finales de la república hasta el 438
Lugar: todo el imperio
Tipo de espectáculo: *ludi meridiani*

Al finalizar la batalla de condenados del anfiteatro de *Berytus* podemos imaginar el aspecto de la arena… 1.400 cuerpos yaciendo en el suelo, muchos de ellos muertos pero muchos otros también agonizando, aún vivos.

Que ocurriese eso no era raro, pues los condenados *ad gladium* no habían recibido ninguna formación en el uso de armas, no sabían matar (a diferencia de los gladiadores, que antes de aparecer en la arena por primera vez habían seguido un periodo de formación de varios meses). Por tanto, los golpes que se daban los condenados solían ser imprecisos y raramente mortales en el acto (salvo en el caso de alguno que hubiese recibido entrenamiento con armas en su vida anterior a ser apresado [*e.g.* soldados, bandoleros, piratas, etc.]).

En consecuencia, como decimos, al terminar una *damnatio ad gladium* la arena estaba cubierta de muchos malheridos, una circunstancia indeseada pues la condena que todos ellos habían recibido era a muerte, estableciendo claramente que no podían salir vivos de la arena.

¿Qué se hacía entonces para solventar esa contrariedad?

Nos lo cuenta Tertuliano, en un fragmento escrito hacia el año 200.

> TERTULIANO, *Ad nationes*, 1.10.47: «Reímos en los *ludi meridiani* de vuestros dioses cuando *Dis Pater*, hermano de Júpiter, condujo con su martillo los cuerpos de los gladiadores, y cuando Mercurio, tocado con su gorro con plumas, con su barra de hierro ardiente comprobó si los cuerpos estaban muertos o si lo simulaban».

Otro fragmento de Tertuliano, escrito hacia el mismo tiempo que el anterior, dice más o menos lo mismo.

> TERTULIANO, *Apologeticum*, 15.5: «También reímos al ver, entre las crueldades de los *ludi meridiani*, a Mercurio examinando con su vara de hierro al rojo a los muertos. Vimos también al hermano de Júpiter retirar [de la arena] los cadáveres de los gladiadores con un martillo».

Es decir, salía un operario vestido como *Dis Pater*, deidad del inframundo —de origen galo— que terminó por asimilarse con Plutón, dios de los infiernos (y hermano de Júpiter, como señala Tertuliano en ambos fragmentos). El texto dice que *Dis Pater* llevaba un martillo, y que su tarea era retirar los cadáveres de la arena, acompañándolos durante ese «paseo» (trámite que Tertuliano denomina, no sin ironía, *exsequias* [desfile fúnebre]). Esa labor de acompañar al muerto al otro mundo corresponde exactamente con la que realizaba esa divinidad entre los etruscos (que lo llamaban Charun o Karon), pues en las pinturas etruscas podemos ver a un demonio armado con un martillo junto a los muertos, supervisando ese tránsito entre la vida y la muerte.

Entraba también en la arena un operario vestido como Mercurio (con su gorro con alas y con su caduceo, la típica vara de Mercurio), con la particularidad de que la vara era un hierro al rojo (*caduceo ignitulus*). Con ella tocaba uno tras otro los cuerpos que yacían sobre la arena, y si al tocarlo el cuerpo se movía, significaba que aún estaba vivo. Había entonces rematarlo ¿pero cómo?

Ninguno de los dos fragmentos dice nada al respecto, pero tradicionalmente se ha considerado que *Dis Pater* se encargaría de acabar con el moribundo asestándole en la cabeza un golpe contundente de su martillo (pese a que ninguno de los dos fragmentos de Tertuliano diga que *Dis Pater* hiciese nada con su martillo, y del mismo modo ninguna de las pinturas etruscas muestra a *Dis Pater* usándolo… su martillo aparece siempre descansando sobre su hombro).

No obstante, esta hipótesis parecía bastante verosímil considerando la vertiente espectacular de los *ludi meridiani*, pues aunque parece que para los etruscos el martillo de ese demonio sería simplemente un atributo de poder, que no usaba en nada en concreto, al introducir los romanos ese personaje en la ceremonia del anfiteatro le habrían asignado esa tarea rematadora, que venía que ni pintada a su martillo.

Esta hipótesis se confirmó en 1993, al hallarse el famoso cementerio de gladiadores de Éfeso, donde se encontraron cuatro cráneos que muestran cada uno una fractura que parece haber sido causada por un martillo.

En cualquier caso, rematar a los condenados no se haría siempre con el martillo, pues varias fuentes documentan que se usaba también el más sencillo método de la espada (generalmente degollándolos, ver más abajo las ejecuciones de Blandina [cap.8] y de Perpetua [cap.18], esta última en el anfiteatro de Cartago, el mismo al que se refiere Tertuliano, y sobre la misma fecha).

Dicho eso, debemos volver a los dos fragmentos de Tertuliano. En ambos la acción ocurre durante los *ludi meridiani*, en los cuales no actuaban los gladiadores, pero sin embargo vemos que Tertuliano usa la palabra «gladiadores». Esto sería un uso inapropiado de esa palabra por parte de Tertuliano, que la emplearía ahí para referirse a los condenados a la *damnatio ad gladium*. En esencia, Tertuliano usaría la palabra gladiadores para referirse a cualquiera que apareciese luchando con una espada sobre la arena, sin distinguir entre condenados *ad gladium* (que luchaban en los *ludi meridiani*) y gladiadores (que luchaban por la tarde). Ese uso no riguroso de los términos del mundo del anfiteatro es una característica distintiva de Tertuliano, que por ejemplo usa también la palabra *harenarii* (operarios de la arena) para referirse (en tono claramente despectivo) a gladiadores y *venatores* (*e.g.* Tertuliano, *De Spectaculis*, 22.2). Esto no quiere decir que Tertuliano no conociese la terminología de la arena (el significado exacto de cada término), pues viviendo en Cartago (sede de uno de los principales anfiteatros de África) sabía perfectamente lo que significaba cada palabra, y porque antes de convertirse al cristianismo había asistido frecuentemente a los *munera*, como muestra en los dos fragmentos anteriores, y en otros muchos. Así, esa 'imprecisión' que sugiere al usar los términos de la arena no es más que una impostura, una actitud conscientemente adoptada por él para fingir que no le interesa mucho el mundo de la arena, que no lo conoce demasiado, pues —en efecto— como cristiano no se habría visto con buenos ojos que se mostrase como demasiado entendido en ella, ya que un cristiano no debía interesarse por esos espectáculos (más allá de lo estrictamente necesario para criticarlos) y por tanto no debía mostrarse como demasiado experto en su terminología.

Resumiendo, los dos fragmentos de Tertuliano solo se refieren a los *ludi meridiani*, en los que luchaban condenados y no gladiadores. No obstante, los cuatro cráneos con agujeros de martillo hallados en el cementerio de Éfeso se supone que pertenecen a gladiadores, y no a condenados, porque los esqueletos que corresponden a esos cuatro cráneos presentan evidencias propias de la forma de vida que llevaban los gladiadores (heridas que habían recibido buena atención médica, inserciones de músculos desarrollados por años de entrenamiento, etc.), rasgos que no podría presentar un condenado *ad gladium* (normalmente criminales, personas de baja extracción social que en su vida jamás habrían tenido acceso, por ejemplo, a atención médica de calidad).

Desde este punto de vista, la única solución posible es aceptar que *Dis Pater* también aparecería al final de los combates de gladiadores, y que usaría su martillo para rematar a los que quedaban agonizantes. Esto no obstante se daría en muy pocas ocasiones, pues como sabemos y hemos visto, el gladiador vencido que recibía el veredicto de *iugula* era ejecutado mediante degollación (*iugulatio*, tajo en la garganta), apuntillamiento (estocada en la nuca seccionando la médula) o atravesando el corazón (metiendo la espada por el hueco entre la clavícula y el cuello [si el vencido estaba arrodillado] o por el hueco entre el omoplato izquierdo y la columna [si el vencido había quedado boca abajo]). Es decir, cualquiera de esos métodos causaba forzosamente la muerte, y bastante rápido, por lo que no había necesidad de rematar al vencido. Así, la única circunstancia en que sería necesario rematar a un gladiador vencido sería cuando también el vencedor quedaba herido de muerte (algo que ocurría con cierta frecuencia, ver *Gladiadores* capítulo 4.2). Normalmente estos gladiadores eran rematados por el *summa rudis* (así lo documentan las fuentes), pero podemos aceptar que en algunas ocasiones este dejaría esa labor a *Dis Pater*.

Dicho eso, hay que señalar que evidentemente no sabemos (ni podremos saber nunca) quiénes eran exactamente los cuatro individuos enterrados en el cementerio de Éfeso que muestran el martillazo en el cráneo, por lo que quizá sí fueran condenados *ad gladium* (quizá antes de ser condenados fueron gladiadores, lo que explicaría las evidencias de buena atención médica y desarrollo muscular halladas en sus huesos), por lo que el martillazo lo habrían recibido durante los *ludi meridiani*. Si eso fuera cierto, lo que habría que explicar entonces es qué hacían esos cuatro condenados enterrados entre gladiadores, pues es indudable que muchos de los otros esqueletos encontrados en esas tumbas corresponden a gladiadores, básicamente porque se han hallado in situ las lápidas con el retrato en relieve del tipo gladiatorio al que pertenecía cada uno. Los gladiadores no deseaban ser enterrados junto a condenados (estos tenían una consideración social aún peor que los gladiadores, eran lo más bajo del orden social), y de hecho los condenados generalmente ni siquiera eran enterrados, sino que sus restos eran arrojados a ríos o echados a los animales, para que nada quedase de ellos (como veremos, cap.8).

Algunos estudiosos consideran que todos los esqueletos hallados en ese cementerio de Éfeso pertenecen a condenados *ad gladium*, aunque no creemos que tengan razón, porque la evidencia de las lápidas es irrefutable, probando que ahí había gladiadores enterrados. Lo más probable es que la verdad esté en el término medio, y que entre los gladiadores se enterrasen, en otro momento, algunos condenados (quizá porque en el pasado habían sido también gladiadores).

[Sobre el aspecto que tenían ese *Dis Pater* y ese Mercurio que saltaban a la arena, ver mi libro *Gladiadores*, capítulo 4.2.1, y las fotos 7 y 8 de ese libro]

«La vida que llevamos no difiere de la de quienes viven
en la escuela de gladiadores, pues convivimos con
los mismos con los que tenemos que luchar»

*«Non alia quam in ludo gladiatorio vita est cum
isdem viventium pugnantiumque»*

Séneca, *De ira*, 2.8.2

6. El discurso del gladiador

Año: hacia el 120 aC (634 de la fundación de Roma)
Lugar: anfiteatro temporal de madera en el *forum romanum*, Roma
Tipo de espectáculo: *gladiatura*

Hacia el año 120 aC el mejor gladiador del momento era *Pacideianus*. Lucilio, que fue testigo visual de sus gestas en la arena, no escatima en elogios al hablar de él, considerándolo «de lejos el mejor de todos los gladiadores desde la creación del hombre».

En sus *Saturae* Lucilio recoge un combate de *Pacideianus*, el que libró contra un gladiador de tipo samnita llamado *Aeserninus*, «un tipo despreciable, merecedor de esa vida y condición (*i.e.* gladiador)».

Lucilio no menciona a qué tipo gladiatorio pertenecía *Pacideianus*, pero dado que en ese fragmento se enfrenta a un samnita, podemos pensar que *Pacideianus* también sería un samnita, pues ese tipo gladiatorio solía enfrentarse contra sí mismo. La otra posibilidad es que fuese un *gallus*, pues por esa fecha solo existían esos dos tipos gladiatorios.

Volviendo al combate narrado por Lucilio, nos dice este que antes de comenzar la lucha *Pacideianus* pronunció (desde la arena suponemos) las siguientes palabras, probablemente dirigidas al público y a su rival.

> LUCILIO, 4.2.176-181: «"Le mataré, en serio, y ganaré, si es eso lo que queréis, pero creo que [el combate] será así: en la cara recibiré [un golpe] yo primero, luego le clavaré el *gladius* en el estómago y en los pulmones. Odio a ese hombre, peleo airado, no esperamos más que a empuñar el *gladius* con la diestra. Mi ira me lleva a esta pasión y odio contra él"».

Como vemos, se trataba de un discurso destinado a calentar a los espectadores, para que estos se entusiasmaran y se volvieran locos con el combate que estaba a punto de empezar. Eso tenía una finalidad muy estudiada por parte del gladiador (aunque sus palabras puedan hacernos pensar que se trataba de una persona irreflexiva): si el público estaba deseando contemplar el combate, muy motivado por verlo, era más probable que valorase la lucha que iban a ofrecer ambos gladiadores, lo que facilitaría que al final del duelo ese mismo público concediese el indulto al gladiador vencido. Por el contrario, si los espectadores estaban fríos en el momento de iniciarse el combate, verían con mayor indiferencia la actuación de los gladiadores, y al final considerarían que el vencido no merecía salvar la vida (pues no les había entusiasmado su lucha).

Es decir, ese discurso inicial tenía la intención de poner a los espectadores en el estado de ánimo 'adecuado' para ver el combate… en esencia la misma intención que buscan los discursos que hoy lanzan los luchadores de la *WWE* antes de iniciar sus combates de lucha libre (cuyo objetivo primero es agradar al público).

Además de elevar el interés del público, el discurso de *Pacideianus* buscaría también amedrentar a su rival. Sin embargo, no debemos tomar al pie de la letra lo que dice (que vaya a matarlo y de la manera brutal que declara), sino que habría en ello mucho cuento. Los espectadores de esa época querían ver combates muy sanguinarios, donde los gladiadores se atacasen a muerte, por lo que antes del combate había que decir que se iba a hacer eso, aunque luego se combatiese de forma menos terrible (esto también lo vemos hoy en los discursos y combates de los luchadores de la *WWE*).

No sabemos cómo de extendida estaba esta costumbre de que los gladiadores lanzaran discursos antes del combate, pues este fragmento de Lucilio es la única evidencia que tenemos, pero creemos que sería frecuente, al menos en ese periodo.

En cualquier caso, hay que señalar que este fragmento de Lucilio es un documento excepcional, pues además de ser la única evidencia que tenemos de esos discursos gladiatorios, se trata también de uno de los pocos documentos que recogen las palabras de un gladiador.

Es también la fuente escrita en latín más antigua que incluye las palabras *gladiator, gladius* y *samnis* (como tipo gladiatorio).

ΓΒΡΜΒΥΜ
ΑΝΔΡΟ
ΒΔΑ

«César, tu arena nos ofrece cada día mayores espectáculos
desde por la mañana. ¡Cuántas presas mayores
que el monstruo de Nemea son abatidas!»

*«Ista tuae, Caesar, quota pars spectatur harenae./ Dat maiora novus
proelia mane dies./ Quot graviora cadunt Nemeaeo pondera monstro»*

Marcial, *Epigrammata*, 5.65

7. Los huesos del monstruo de Andrómeda

Año: 58 aC (696 de la fundación de Roma)
Lugar: *forum romanum*, Roma
Tipo de espectáculo: *venatio*

Una *venatio* no tenía por qué consistir solo en un espectáculo sangriento en el que los hombres cazaban bestias o en el que unas bestias luchaban contra otras (*e.g.* rinoceronte contra toro), sino que podía incluir también espectáculos no violentos tales como animales haciendo acrobacias o, simplemente, la mera exhibición de un animal (si era la primera vez que se mostraba en Roma, para que la gente pudiese contemplarlo tranquilamente).

En este sentido, quien ofrecía los juegos adquiría prestigio por mostrar a sus conciudadanos los animales más extraños, seres que jamás hubiese traído ningún otro romano, y cuantos más mejor. Esa búsqueda de prestigio era una motivación potente, y explica la intensidad con la que animales de todo tipo fueron exhibidos en Roma.

Así, los primeros elefantes que llegaron a la Urbe lo hicieron en 252 aC, presentados en el Circo Máximo por Lucio Cecilio Metelo. Las siguientes fueron las avestruces, en 197 aC, mientras que la primera cacería documentada de leones y leopardos tuvo lugar en 186 aC, aunque es probable que ya antes ambos felinos hubiesen sido exhibidos en la ciudad. En 58 aC Escauro mostró el primer hipopótamo y los primeros cocodrilos. En 46 aC César presentó la primera jirafa, y en 11 aC Augusto el primer tigre.

En ese contexto de lucha por mostrar siempre algo que superase lo exhibido por los demás rivales políticos, y en un tiempo donde la frontera entre lo mitológico y lo real no existía, pues todo lo desconocido quedaba explicado por la mitología y los dioses, solo era cuestión de tiempo que alguien diese con uno de los monstruos descritos en los mitos... y eso fue lo que ocurrió en 58 aC. Ese año, Escauro, ya citado, no solo se presentó en Roma con el primer hipopótamo y los primeros cinco cocodrilos (traídos todos de Egipto), sino también con el esqueleto de una bestia gigantesca que él dijo que era el monstruo al que fue expuesta Andrómeda, y que Perseo mató.

Este mito le sonará al lector, pues es el desenlace del exitoso film *Clash of the Titans* (2010, *Furia de titanes* en España) y del film homónimo de 1981. No obstante, en esas películas el mito se cuenta de manera algo distinta a como lo conocían los romanos de época de Escauro: según cuenta Ovidio en *Metamorphoses* (4.669-752), obra publicada en el año 8, la reina de Etiopía, Casiopea, dice que su hija Andrómeda es más bella que las nereidas, ninfas marinas. Neptuno, dios del mar, se molesta, y manda a su monstruo marino, llamado Cetus (Κῆτος)[13], a devastar Etiopía. Casiopea pregunta a un oráculo qué hacer para impedir el ataque de Cetus, y la res-

---

13 Del nombre Cetus deriva la palabra cetáceo, que designa a las ballenas, «los monstruos del mar». Aristóteles ya usó el termino κῆτος para referirse a esos mamíferos marinos.

puesta es sacrificar a Andrómeda al monstruo. Así, atan a Andrómeda frente al mar, desnuda, cubierta solo por joyas (por si al monstruo marino le atraen las bellas muchachas desnudas). A quien sí le atraen las muchachas desnudas es a Perseo, que por casualidad pasa entonces por ahí volando (gracias a las sandalias aladas de Mercurio, no montado en el caballo alado Pegaso, como muestran las dos pelis), y al ver a Andrómeda le pregunta por qué está ahí atada, contándole ella la historia. Entonces Perseo dice a Casiopea que si le da la mano de su hija, mata al monstruo. Casiopea accede, y cuando Cetus aparece Perseo lo mata a espadazos (no mostrándole la cabeza de Medusa, como en las dos películas).

Pese a que Ovidio dice que la acción transcurre en el reino de *Aethiopia*, Escauro y otros pensaban que el combate había ocurrido en la costa de *Iopa* (actual Jaffa, ciudad inmediatamente al sur de Tel-Aviv). Y, de hecho, para Josefo (que escribe hacia el año 75) y Plinio (que escribe hacia el año 77), que *Iopa* había sido el escenario del monstruicidio podía probarse con toda garantía porque aún se alzaba ahí la roca a la cual había sido encadenada la joven, e incluso podía verse todavía la marca dejada por las cadenas en el lugar donde habían estado fijadas.

> JOSEFO, *Guerra de los judíos*, 3.9.3: «*Iopa* no es un puerto natural, pues termina en una costa abrupta, … donde hay grandes precipicios, y enormes rocas que sobresalen del mar, y donde las cadenas a las cuales estuvo encadenada Andrómeda han dejado su marca».

> PLINIO, *NH*, 5.14.69: «*Iopa*, ciudad de los fenicios, fundada antes de la inundación de la tierra, según dicen, se sitúa sobre una colina, y frente a ella se alza una roca, en la que se aprecian las marcas de las cadenas de Andrómeda».

La roca sigue aún hoy en su sitio, a 200 m ante la costa de Jaffa, y aunque sin rastro ya de las marcas de las cadenas, continúa fascinando a los visitantes (es una de las principales atracciones turísticas de la ciudad).

Así, con la prueba física de la roca, es evidente que para Josefo y Plinio la historia de Andrómeda era tan cierta como cualquier hecho histórico real, y 135 años antes Escauro habría creído lo mismo, y por eso llevó a Roma los enormes restos que encontró allí.

Teniendo todo eso presente, veamos ahora en qué consistieron esos restos exhibidos por Escauro en Roma en 58 aC.

> PLINIO, *NH*, 9.4.11: «Los huesos del monstruo al que dicen que fue expuesta Andrómeda fueron traídos de la ciudad de *Iopa* y mostrados en Roma, entre otras reliquias maravillosas, por Escauro, durante su edilidad. Los huesos medían más de 40 pies de largo (11,84 m) y las costillas eran más altas que un elefante indio, mientras que la espina dorsal tenía un grosor de un sesquipedal (pie y medio= 44,4 cm)».

¿A qué animal podían corresponder esos huesos? Lo más lógico es pensar que se tratara de una ballena, y esa es la opinión compartida por la mayoría de expertos. Plinio no vio los huesos (nació 81 años después de la exhibición), pero está transcribiendo las crónicas de testigos visuales, por lo que tampoco debe de haber mucho error con respecto al tamaño real de los restos, que efectivamente se corresponde con el de una ballena adulta. De todas las medidas que da Plinio, la mención de que las costillas eran más altas que un elefante indio es la más útil, por precisa. Un elefante indio mide unos 2,5 m de alto (hasta los hombros, su punto más alto, al mismo nivel que la cabeza), lo que queda por debajo de la altura de las costillas de un rorcual y un cachalote, las ballena más grandes que pueden encontrarse en el Mediterráneo. En esencia, un elefante cabe perfectamente dentro del arco formado por la caja torácica de un rorcual o un cachalote adultos (cuya longitud media de cabeza a cola es de 21 y 16 m, respectivamente, aunque hay machos que pueden superar los 26 y 20 m).

La afirmación de Plinio de que los huesos medían más de 11 m de largo hay que entenderla como que esa era la longitud total del esqueleto, pues jamás ha existido un animal que haya tenido un hueso de esa longitud. Igualmente, significaría que el esqueleto mostrado por Escauro tampoco sería mucho más largo de esos 11 m, por lo que se trataría de un esqueleto incompleto, porque para que las costillas fuesen más altas que un elefante indio debería de tratarse de una ballena de al menos 15 m de largo. Muy probablemente tenían los dos tercios delanteros del esqueleto del animal (*i.e.*, desde el cráneo hasta parte de la cola, pero la parte posterior de la cola, compuesta de las vértebras más pequeñas, no la habrían encontrado). Señalar que el hueso más largo de una ballena es la mandíbula inferior (puede medir 5 m en un cachalote de 20 m).

Que la espina dorsal tenía un grosor (*crassitudine*) de 44,4 cm es un dato imposible de interpretar con seguridad, pues no podemos saber si Plinio quiere decir diámetro de la vértebra o circunferencia de esta. El término latino *crassitudo* significa «espesor», «grosor», por lo que tanto diámetro como circunferencia son significados válidos según los contextos. En cualquier caso, ningún animal conocido (pasado o presente) tiene una vértebra de 44 cm de diámetro (el disco central), por lo que parece que el dato se refiere a la circunferencia de las vértebras (44 cm de circunferencia sí es posible en las vertebras de rorcual y cachalote).

En definitiva, parece claro que se trataría de una ballena de esas especies.

Señalar también que Plinio dice claramente *ossa* (huesos), palabra que copiaría de la crónica del testigo visual que le sirvió de fuente. Por tanto, lo que se expuso eran sin duda huesos, descartando que se tratase de fósiles. Los fósiles son piedra, por lo que si en efecto se hubiera tratado de fósiles cabría esperar que la fuente primera consultada por Plinio hubiese mencionado ese detalle (que eran piedra), que también habría señalado Plinio. Igualmente, la zona de *Iopa*, toda Judea en general, no era una zona minera, no existían minas, actividad que quizá podría haber posibilitado un hallazgo así. Aunque griegos y romanos encontraron varios fósiles a lo largo de los siglos, este no fue el caso.

Lo más probable es que se tratase de un rorcual o un cachalote, frecuentes en esa parte del Mediterráneo, un ejemplar que habría encallado en la costa de *Iopa* al menos seis meses antes de ser hallado por Escauro, de manera que para entonces ya solo quedaban los huesos. Escauro estuvo en Siria desde 65 a 59 aC, desempeñando diversos altos cargos, por lo que llegaría a conocer muy bien la zona y todas las historias y rumores que se contaban por ahí. Sabedor (como Josefo y Plinio) de que *Iopa* era el lugar donde se creía que Perseo había matado al monstruo, probablemente visitó el lugar en persona, y al ver allí en la costa la roca que señalan Josefo y Plinio y encontrar el esqueleto de semejante ser gigantesco debió de convencerse.

Añadir que Plinio dice que se trataba de los huesos del monstruo (es decir, del mismísimo monstruo que mató Perseo), no de los huesos de un monstruo de la misma especie que hubiese muerto en tiempos más recientes. Probablemente Escauro creyó lo mismo, al igual que la práctica totalidad de gente que vio los restos. Plinio fue probablemente el hombre más culto de su tiempo, su *Naturalis historia* abarca todo lo que se conocía entonces de la naturaleza, y pese a ello (o quizá por ello, porque sabía cuántas cosas escondía aún la naturaleza que eran desconocidas para el hombre) no tenía ninguna duda de que esos restos eran del monstruo. Eso no quiere decir que creyera todo lo contado en el mito, especialmente que Perseo fuese hijo de Júpiter y que llegase volando con las sandalias aladas de Mercurio, pero sí creería que hubo un combate entre el monstruo y uno o varios hombres, y sobre todo que la pobre Andrómeda pasó un mal rato encadenada a la roca de marras.

Esa actitud contradictoria la muestra Plinio a lo largo de toda la *NH*, dando por buena la existencia de seres tan fabulosos como el grifo, o humanos con un ojo en la frente (*NH*, 7.2.10), y a la vez expresando su total descreimiento hacia los dioses de la religión romana, diciendo cosas como «Es casi un delirio de niños creer en matrimonios entre los dioses y que nadie haya nacido de ellos en tanto tiempo, y que unos sean eternamente viejos y canosos, otros jóvenes o niños, de color negro, alados, cojos, nacidos de un huevo, o que viven y mueren en días alternos» (*NH*, 2.5.17). Y concluye, «dios significa para un mortal ayudar a otro mortal, y esta es la vía para la gloria eterna» (*deus est mortali iuvare mortalem, et haec ad aeternam gloriam via* [*NH*, 2.5.18]), lo cual no es sino enunciar el principio básico del estoicismo.

En esencia, las opiniones de Plinio sobre los dioses evidencian lo muerta que estaba ya la religión romana para esa fecha (finales del siglo I), al menos entre los intelectuales como él, y que —por tanto— la participación de esos estratos de la sociedad en los actos religiosos no era más que una hipocresía y una impostura que se mantenía por guardar las tradiciones y respetar las creencias del pueblo llano (que sí creía aún en eso).

Cerámica gala, siglo II, representando el martirio
de Blandina (arriba) y *Ponticus* (abajo).

«Volvamos a la ciudad, porque hace mucho que nuestras orejas
no escuchan el aplauso y el estruendo, y ya deseamos disfrutar
de [ver] sangre humana (derramada en los espectáculos)»

*«Iam flectamus cursum ad Urbem: nimis diu a plausu et fragore
aures vacaverunt, iuvat iam et humano sanguine frui»*

Séneca, *De tranquillitate animi*, 2.13

8. Martirio de Blandina

Año: 177 (930 de la fundación de Roma)
Lugar: anfiteatro de *Lugdunum* (Lyon, Francia)
Tipo de espectáculo: *ludi meridiani*

Blandina es una esclava cristiana de diecisiete años que
vive en *Lugdunum*, la principal ciudad romana de la Galia.
Aunque Blandina es esclava está feliz con su vida, pues su
amo —un hombre de cierta posición en la ciudad— es otro
cristiano, y por tanto trata bien a todos sus esclavos. Para los
cristianos la esclavitud es una especie de apadrinamiento: tú
trabajas para tu amo y él a cambio te acoge en su casa y te
da de comer, y nunca te trata mal, pues el propio San Pablo,
al hablar sobre la esclavitud, instó a los amos a tratar a sus
esclavos como hermanos, y a los esclavos a ser obedientes a
sus amos. De hecho, Blandina no puede quejarse de la esclavitud… si su amo no la hubiese acogido como esclava ella

tendría que haberse buscado la vida en la calle, robando o prostituyéndose, como tantas otras chicas pobres de su edad.

En la casa del amo de Blandina ella no es la única esclava, sino que hay varios más, los cuales la ayudan a realizar el trabajo de la casa y a servir a la familia del amo. Juntos van al río a por agua, a lavar la ropa, a hacer la compra en el mercado, a preparar la comida, etc. Esas son las principales ocupaciones de Blandina.

En la casa de al lado vive otra familia de cristianos, y con ellos un muchacho de quince años, *Ponticus*, también esclavo cristiano. Blandina ha observado que últimamente *Ponticus* se fija mucho en ella, mucho más que antes, y que trata de acompañarla a todos sitios y busca cualquier excusa para pasar el mayor rato posible con ella.

A Blandina le hace gracia, pues sabe que el chico se ha enamorado de ella, pero a sus diecisiete años Blandina no siente ningún interés por ese crío de quince, le atraen más los hombres algo más mayores, los soldados y comerciantes que puede ver en el mercado.

En realidad Blandina no es muy atractiva, pues a sus diecisiete años está bastante flaca, y es algo feucha, pero el pobre *Ponticus* se ha enamorado de ella hasta los huesos: desde que era un niño la ha visto día tras día en la casa de al lado, así que para él es la chica más guapa del mundo.

En cualquier caso, pese a que Blandina no siente ningún interés por él, *Ponticus* siempre es simpático y agradable con ella, y se ofrece a ayudarla, así que como nunca está de más una mano extra Blandina le deja acompañarla al mercado, y hacer con ella el resto de recados cotidianos.

Así, la vida es agradable en *Lugdunum*, hasta que hacia finales de la primavera de ese año 177 Blandina observa que al ir por la calle la gente comienza a mirarla mal, a ella y al resto de cristianos. La cosa empeora en seguida, y pronto algunos empiezan a escupirles, e incluso a tirarles piedras.

Un día en el mercado un hombre le lanza un huevo podrido a Blandina, y como *Ponticus* va con ella se encara con el hombre y llegan a las manos. Un soldado tiene que intervenir para separarlos.

¿Qué ha ocurrido? ¿Por qué de pronto la gente de *Lugdunum* les trata así?

Lo que ha ocurrido es que entre la población no cristiana de *Lugdunum* (que es la mayoría de la población) se han difundido algunos rumores sobre los ritos que practican los cristianos en sus reuniones, y sobre su forma de vida. Principalmente, se dice que los cristianos solo adoran a su dios, negándose a ofrecer los sacrificios debidos al resto de dioses, por lo que la población de *Lugdunum* ha comenzado a sentir miedo de vivir en la misma ciudad que los cristianos, porque los dioses se vengarán al no recibir los sacrificios que se les deben, y entonces castigarán a la ciudad de *Lugdunum*, sin distinguir quizá entre cristianos y no cristianos.

Ese estado de ansiedad se difunde rápido entre toda la población no cristiana de *Lugdunum*, y esta, para principios de junio, exige a las autoridades de la ciudad que detengan a los cristianos conocidos para interrogarlos y esclarecer exactamente en qué consisten sus ritos.

El amo de Blandina y toda su familia y esclavos, incluida Blandina, son de los primeros en ser detenidos, junto con otras familias cristianas, entre ellas la de *Ponticus*.

Inmediatamente comienzan a realizarse los primeros interrogatorios a los detenidos, en la plaza del pueblo, ante todos los vecinos, y como estos desconocen los detalles de la fe cristiana empiezan a producirse nuevos malentendidos. Por ejemplo, al declarar los cristianos que la eucaristía consiste en comer el cuerpo y la sangre de Cristo, son acusados de canibalismo, un crimen terrible ante la ley romana. Del mismo modo, la costumbre que tienen esos primeros cristianos de llamarse todos entre sí hermano y hermana (efectivamente son hermanos en la fe) es malinterpretada por los romanos, que los acusan de incesto.

Igualmente, al declarar que se niegan a hacer sacrificios a los dioses y al emperador, se les acusa de impiedad, para con los dioses, el emperador y el género humano en general. La impiedad para con los dioses la cometen los cristianos al negarse a hacer sacrificios al resto de dioses (es impiedad para con las obligaciones debidas a los dioses). Ello provoca la ira de esos dioses, los cuales acabarán vengándose de esos cristianos y de la ciudad en la que viven (razón por la que sus vecinos no cristianos de *Lugdunum* quieren echarlos de la ciudad… todos saben que casi un siglo antes una ciudad de Italia, Pompeya, había sido destruida por los dioses, porque sus habitantes habían descuidado los sacrificios debidos, en parte por culpa de los cristianos que también había ya entonces en esa ciudad).

La impiedad con respecto al emperador la cometen los cristianos al negarse a hacer sacrificios por la salud del emperador, una obligación de todo aquel que vive en el imperio. Si no hacen sacrificios por la salud del emperador se interpreta que desean el mal para este, y como el emperador es el padre y guía del imperio, el mal para el emperador solo puede traer el mal para el imperio y para todos los que viven en él.

La impiedad para con el género humano la cometen los cristianos mediante las dos acciones anteriores, y por su testarudez en perseverar en esa actitud, pues aunque no deseen hacer sacrificios a los dioses y al emperador, solo por evitar los males que con esa actuación están trayendo al género humano (a sus semejantes) deberían ser generosos y aceptar realizar tales sacrificios. Sin embargo, los cristianos son incapaces de apiadarse en tal medida del resto de semejantes, y prefieren que caiga sobre todos la venganza de los dioses (como pasó en Pompeya) antes que realizar ellos el pequeño esfuerzo de hacer un sacrificio. Este es el motivo por el que se dice que los cristianos odian al género humano (acusación que fue especialmente frecuente durante la persecución de Nerón).

La testarudez de los cristianos, su actitud recalcitrante, esa terquedad en su negativa a hacer sacrificios pese a que ello traiga la desgracia al resto de la humanidad, es una de las cosas que más exaspera a los no cristianos, y por ejemplo

Plinio el Joven, cuando tuvo que juzgar a cristianos, expresó a Trajano por carta que creía que los cristianos merecían ser castigados simplemente por su «pertinacia cierta e inflexible obstinación» (*Epistulae*, 10.96.3: «*pertinaciam certe et inflexibilem obstinationem debere puniri*»).

La soberbia de los cristianos es otra cosa que no soportan de ellos los romanos, ni el resto de pueblos del imperio: mientras que los romanos toleran a todas las religiones y a sus dioses, integrándolos a todos en su panteón y honrándolos a todos con sacrificios, los cristianos desprecian las religiones de todos los demás pueblos, y a sus dioses, y mantienen que sólo su religión es la buena, y su dios el único verdadero. Y no sólo eso, sino que además tratan de convertir a su fe a quienes profesan otras, algo inaudito, pues los creyentes de ninguna otra religión van por ahí buscando nuevos adeptos.

Así pues, una vez la población de *Lugdunum* se convence de que los cristianos son lo peor, no tardan en lanzar contra ellos todo tipo de acusaciones terribles, aunque sean infundadas, y así se dice que en sus ritos practican el incesto, comen niños y realizan otras muchas barbaridades semejantes.

Acusados por tanto formalmente de todos esos crímenes, se inicia el juicio, el cual tiene por objeto determinar cuáles de los detenidos son efectivamente cristianos (para poder condenarlos a la correspondiente pena de muerte) y cuáles no lo son (para ponerlos en libertad). La manera de determinarlo es preguntándoselo a cada detenido. Si responde que es cristiano se le condena a muerte y se le manda a prisión a esperar el día de la ejecución. Si responde que no es cristiano se le pide que haga un sacrificio a los dioses, solo tras la realización del cual se le pone en libertad.

Algunos declaran que no son cristianos y realizan el sacrificio, pero la mayoría reconocen que lo son, entre ellos Blandina, su amo, la familia de este y *Ponticus*.

Según establece la ley romana, aquellos que son ciudadanos romanos (o que las autoridades sospechan que pueden serlo) son ejecutados por decapitación a espada, mientras que quienes no poseen la ciudadanía romana son ejecutados de modo más humillante y doloroso, mediante alguna de las varias modalidades de ejecución que se realizan en los *ludi meridiani* para entretener al pueblo.

Blandina, *Ponticus* y otros muchos no tienen la ciudadanía romana, por lo que son enviados a prisión (hacia primeros de julio) para esperar ahí el día en que serán ajusticiados.

El relato de la ejecución de Blandina y del resto de mártires de Lyon (así pasarán a ser conocidos en las fuentes cristianas) lo recoge con bastante detalle Eusebio de Cesarea en su *Historia eclesiástica*, libro quinto, capítulo uno (Eusebio era cristiano, obispo de Cesarea, por lo que para él la historia de esos mártires cristianos era muy importante, de ahí el gran detalle con el que cuenta su ejecución). Eusebio terminó de escribir esa obra hacia el año 324, es decir, 147 años después de ocurridos los hechos, pero podemos considerar que el relato es bastante fiel a lo que debió de ocurrir en realidad porque Eusebio copia lo narrado en crónicas escritas por los cristianos que asistieron a la ejecución, especialmente una carta enviada pocos días después por la Iglesia de *Lugdunum* a las Iglesias de Asia Menor, para informarles de los hechos.

Dado que los autores romanos no solían describir esos espectáculos de ejecución (pues consideraban que los condenados a ellos no merecían que se les dedicase tal atención), el testimonio de Eusebio es una de las pocas fuentes que tenemos para conocer en qué consistían los *ludi meridiani* que se realizaban en esa época en una ciudad de provincia como *Lugdunum*.

Así pues, cuenta Eusebio que —como ya hemos dicho— tras realizarse el juicio Blandina y el resto de cristianos que habían sido condenados a morir en la arena fueron enviados a prisión, para esperar ahí hasta que llegase el día de los juegos. Durante esa estancia en prisión los cristianos fueron torturados repetidamente, para sacarles testimonios con los que detener a otros cristianos. En concreto, un tal *Sanctus* fue torturado de muy diversas formas, especialmente poniéndole hierros al rojo «en las partes más delicadas de su cuerpo» (*i.e.* testículos, ano, pene, boca, ojos). Otros pasaron esos días con los pies atrapados en cepos. Muchos murieron en prisión, por el hacinamiento (ahogados por el calor, pues era pleno mes de julio), escapando así a la ejecución en la arena.

Llegado el día de inicio de los juegos (probablemente el 1 de agosto), los cristianos fueron llevados al anfiteatro. Dado que había tantos condenados, el día entero fue dedicado a las ejecuciones. *Sanctus*, cuyo cuerpo era todo una pura llaga por los tormentos que le habían infligido en prisión, sufrió de nuevo en la arena todo tipo de torturas: fue azotado, echado a las fieras (que lo atacaron y lo mordieron pero no lo mataron), sometido a todo aquello que el público quiso y, finalmente, sentado en la silla de hierro. La silla de hierro era una silla hecha exclusivamente de ese metal, la cual era calentada hasta que se ponía al rojo, momento en el cual el condenado era obligado a sentarse en ella. Dice Eusebio que mientras las carnes de *Sanctus* se achicharraban salía «humo» de ellas (realmente vapor de agua, como cuando echamos un filete a la parrilla).

El público estaba lleno de odio y rencor hacia los tercos cristianos, y como *Sanctus* perseveraba en no abrir la boca y renunciar a su fe, y ni siquiera profería gritos de dolor, con más saña pedían que lo torturasen.

Así, fue mantenido en la silla de hierro durante un buen rato, y cuando ya los hierros se enfriaron y no había más que hacer con él ahí, el verdugo finalmente lo ejecutó (Eusebio no especifica cómo, suponemos que fue degollado, pues era lo que solía hacerse en esas circunstancias, por ser lo más rápido).

Llegó entonces el turno a Blandina, *Ponticus* y muchos otros. Lo primero que hicieron antes de sacarlos a la arena fue desnudarlos, pues para la moral romana la desnudez pública era algo deshonroso, también para los cristianos, por lo que añadían esa humillación a la pena.

Como los soldados habían observado durante todos los días previos que *Ponticus* estaba pillado por Blandina, y como ella era la única chica del grupo, los soldados decidieron ponerla en un lugar destacado en la ejecución, para que *Ponticus* y el resto pudieran ver bien cómo la despedazaban las fieras. Así, los soldados cogieron a Blandina y la ataron a una cruz colocada en el centro de la arena, en la misma posición que Cristo, mientras que el resto de cristianos fueron encadenados por toda la arena, alrededor de Blandina, pero lo suficientemente lejos como para no poder ayudarla.

Blandina estaba tranquila en su cruz, y con su mirada y sus palabras trataba de animar a sus compañeros, y a *Ponticus*, pero este estaba desesperado ante lo que estaba a punto de ocurrir: su vida no le importaba, pero no quería que le pasase nada a Blandina, mucho menos que muriese.

Se abrió entonces la puerta de las fieras y varios felinos saltaron a la arena. Al principio los animales estaban asustados por el tremendo griterío de los espectadores en la grada, y apenas se alejaron de la puerta, pero al cabo de un rato uno se acercó a un cristiano y le soltó un zarpazo, arrancándole la cara. El animal olió la sangre, y entonces ya todos comenzaron a abalanzarse sobre los condenados. *Ponticus*, sin embargo, envalentonado porque tenía delante a la chica que amaba, trató de hacerse el héroe, y moviéndose con gran rapidez, pese a estar encadenado, esquivaba una y otra vez a las fieras.

El propio *Ponticus* estaba sorprendido, le parecía increíble que tuviese tantas energías, tras tantos días sin comer en el calabozo, pero miraba a Blandina y sentía que podía volar. Y a su vez Blandina, desde su cruz, se mantenía gritando a sus hermanos de fe como una fanática, animándoles a seguir esquivando a los animales. Blandina también estaba sorprendida de verse a sí misma de ese modo, gritando así, estaba como poseída, y se sintió feliz de que el Espíritu Santo hubiese entrado en ella para usarla como instrumento reconfortador de sus hermanos en tan crucial hora, luchando contra las fieras.

Estas se cansaron pronto de atacar, y extrañando el lugar inusual en el que estaban, se echaron al suelo, algo que solían hacer frecuentemente los felinos en esos espectáculos. Los operarios de la arena (*harenarii*) sabían que ya no había nada más que hacer, así que abrieron de nuevo la puerta y los animales volvieron a entrar por ella, camino a sus jaulas.

Ponticus no podía creerse lo que había pasado… seguía vivo, y Blandina también, ya que como la habían colocado en el centro de la arena las fieras ni siquiera habían llegado hasta ella, pues se habían entretenido con los compañeros que la rodeaban. Además, ellos no eran los únicos supervivientes, pues muchos otros habían salido también ilesos. *Ponticus* miró entonces a Blandina y esta le devolvió una sonrisa.

Efectivamente, *Ponticus* podría haber salido volando en ese momento, de no haber estado encadenado.

Entraron entonces los *harenarii*, y mientras unos bajaban a Blandina de la cruz otros soltaban a *Ponticus* y al resto de supervivientes de las cadenas. A todos los mandaron de vuelta a prisión, para ejecutarlos otro día (pues los juegos duraban varias jornadas).

El público en las gradas comenzó entonces a pedir que sacaran a la arena a otro cristiano, un tal *Attalus*, al que le tenían bastante ojeriza por el comportamiento que había mostrado durante los juicios, y especialmente porque era una persona «distinguida» (*i.e.* adinerada). En seguida sacaron al condenado, precedido por un cartel que decía «*Hic est Attalus christianus*» (este es *Attalus* el cristiano, lo que confirma la práctica de usar carteles [*tituli*] durante las ejecuciones de los *ludi meridiani* para informar al público de la identidad y delito cometido por los condenados).

No obstante, el gobernador —que estaba sentado en el palco— fue informado entonces de que el tal *Attalus* era ciudadano romano, por lo que ordenó que lo sacaran inmediatamente de la arena y lo mandasen de vuelta a prisión.

Tras unos días durante los cuales no hubo ejecuciones, pues se celebraron nuevos juicios, los juegos fueron retomados de nuevo, continuando con las ejecuciones. El primer día de esta segunda serie de juegos varios cristianos fueron sacados a la arena y sometidos a diversas torturas, al cabo de las cuales fueron finalmente ejecutados (por degollación, suponemos). Uno de ellos fue *Attalus*, que —tras confirmarse que no era ciudadano romano— fue sentado en la silla de hierro. Dice Eusebio que sus carnes reventaban por el calor, al achicharrarse, y que de las heridas le salía humo, y que el olor de la carne humana quemada daba nausea.

Llegó finalmente el último día de juegos, y entonces sacaron a Blandina y *Ponticus* de nuevo a la arena. Durante todos los días previos habían llevado a ambos al anfiteatro, para que contemplasen las ejecuciones desde la puerta de la arena, esperando así que por su joven edad se amedrentasen e hiciesen el sacrificio por el emperador y los dioses. No obstante, llegado el último día, Blandina y *Ponticus* se mantenían en su negativa, por lo que tocaba ejecutarlos.

Ponticus quizá hubiese accedido a hacer el sacrificio, hubiese hecho cualquier cosa que Blandina le hubiese dicho, pero como ella se mantenía animándole a no rendirse, eso fue lo que él hizo.

Sacaron entonces a ambos a la arena, y enfadado el público por su tozudez en negarse a ofrecer el sacrificio, pidieron que los torturasen de todas las maneras posibles. Comenzaron entonces los soldados a atormentarlos, aplicándoles todo tipo de penas para que accedieran a hacer el sacrificio. Pero no había manera, la resolución de Blandina era firme, y la del chico todavía más, pues estando ahí junto a ella y animado por los gritos de apoyo que ella le daba, el chico estaba dispuesto a aguantar lo que fuera, no iba a ser un cobarde delante de su chica.

Finalmente el cuerpo de quince años de *Ponticus* ya no pudo resistir más, y reventó bajo las manos del verdugo.

Blandina quedó impresionada… el chico había aguantado más que ningún otro de los hombres hechos y derechos que les habían acompañado durante todos esos días de martirio.

Ya solo quedaba ella, era la única con vida… ahora le tocaba a ella no deshonrarse y morir fiel a su fe, tenía que estar a la altura de *Ponticus.*

Blandina sintió cómo una gota de sudor frío le corría sien abajo, y por su pecho desnudo, pero estaba fuerte en Cristo. Estaba lista.

El verdugo se fue entonces hacia ella y comenzó a azotarla en medio de la arena. Luego le echaron fieras encima, para que la mordiesen, excitadas por la sangre que le manaba de los latigazos. No obstante, los *harenarii* no permitieron que las fieras la matasen, pues aún le tenían reservados otros suplicios, de manera que retiraron a las fieras cuando tenían a Blandina medio devorada, pero aún viva.

Cogieron entonces el despojo de carne y huesos aún viviente que era Blandina y la sentaron en la silla de hierro, y pudo oírse el chirriar de la carne achicharrándose contra el metal al rojo. Tras un buen rato ahí sentada, cuando el olor a carne quemada apestaba todo el anfiteatro, la levantaron de la silla y la metieron en una red. Abrieron entonces la puerta por la que las fieras entraban a la arena y salió un toro, el cual corneó varias veces la red y su contenido, mandándolo por los aires.

Cada vez que la red caía a tierra, con un golpe seco, Blandina se movía dentro, aún viva, pero sin gritar ni decir nada ya.

La actitud de algunos de los espectadores comenzó a cambiar, y aunque seguían odiando a Blandina y creían que estaban haciendo lo justo para resarcir a sus dioses, reconocían que nunca habían visto a una mujer que hubiese aguantado tantas y tan duras torturas.

Los propios cristianos que estaban en las gradas (algunos de los que habían sido liberados los días previos tras realizar el sacrificio, y otros que lograron ocultar su fe), que se encontraban ahí para documentar el martirio de sus hermanos (para escribir las cartas que luego mandaron al resto de comunidades cristianas), empezaron a llorar: los cristianos de entonces solían decir, sobre los martirios, «Dios no te mandará sufrimientos mayores a los que puedas aguantar» (Corintios 10.13), pero sin duda Blandina y *Ponticus* habían sufrido todo lo que sus cuerpos podían aguantar. Si el dolor santifica, ellos dos se habían santificado todo lo que su cuerpo podía haberles permitido, todo lo que humanamente les fue posible, eran santos en todos y cada uno de los átomos de su cuerpo, pues en todos y cada uno de ellos habían sufrido.

Cuando finalmente sacaron al toro de la arena el verdugo se acercó a la red, la abrió, y terminó con la vida de Blandina (de nuevo Eusebio no dice cómo, suponemos que degollándola).

Pero el deseo de los habitantes de *Lugdunum* por vengar a sus dioses y por tratar de restablecer el equilibrio con ellos no quedó ahí, sino que sintiendo que aún debían seguir infligiendo humillaciones a los cristianos, pese a que estos estaban ya muertos, decidieron que sus cadáveres (tanto de los que habían sido ejecutados en la arena como de aquellos que habían sido decapitados, más los muertos en prisión) fueran echados a los perros. Así hicieron, y lo que dejaron los perros lo expusieron a la intemperie durante seis días, estableciendo guardias de soldados para que los otros cristianos no pudieran enterrar los restos. Los cristianos trataron incluso de sobornar a los guardias y a las autoridades, para que les entregasen los restos, pero no hubo manera de que se los diesen.

Llegados a este punto los vecinos de *Lugdunum* estaban determinados a dar un escarmiento a los cristianos, y ya que estos se mostraban tan perseverantes en su fe, por la esperanza que tenían en que iban a resucitar, y ya que era esa esperanza por la que despreciaban y desdeñaban de esa manera las torturas y la propia muerte, los vecinos decidieron no dejar nada de los cadáveres, para que así no les quedasen al resto de cristianos esperanzas de que los condenados fuesen a resucitar, pues no iban a quedar restos que pudiesen volver a la vida (los romanos y esos primeros cristianos creían que la resurrección cristiana requería de que quedasen restos a partir de los cuales poder resucitar… si no quedaba nada no había vuelta a la vida posible, pues no quedaba sustrato material al que pudiera volver el alma).

Así pues, transcurridos los seis días de exposición de los restos al aire libre, los quemaron y las cenizas resultantes las echaron a las aguas del Ródano, río que cruza Lyon.

Nada quedaba de Blandina, *Ponticus* y el resto… habían desparecido de la faz de la tierra para siempre.

Era una advertencia para los cristianos: ya que habían traído a *Lugdunum* esa religión nueva y extraña, con la esperanza de que con ella resucitarían, podían irse de esa ciudad y llevarse con ellos su fe de vuelta a oriente, porque los cristianos que muriesen en *Lugdunum* no debían albergar ninguna esperanza de resucitar, pues harían lo mismo con todos.

«satisface el espectáculo de [ver] convertir a un hombre en un cadáver»

«satisque spectaculi ex homine mors est»

Séneca, *Epistulae*, 95.33

9. Escapar de la muerte vergonzante

Año: desde el siglo III aC hasta el año 476 (fin del imperio de occidente)
Lugar: todo el imperio
Tipo de espectáculo: *ludi meridiani*

Como vemos, los suplicios que esperaban a los condenados en los anfiteatros eran terribles, y en cualquier caso la muerte era el desenlace de todos ellos, una muerte además vergonzante, pues era un espectáculo para quienes contemplaban desde las gradas (ofrecer un espectáculo a otros era algo humillante para la mentalidad romana, máxime si el espectáculo consistía en tu propia muerte).

Así, no extraña que muchos de los condenados que eran enviados a los anfiteatros para morir, sabedores del destino que les esperaba, intentaran suicidarse antes de ser sacados a la arena. No obstante, esto no era fácil, pues los guardias tenían orden de impedir cualquier intento de suicidio, lógicamente, para que no se perdiese ninguno de los protagonistas del espectáculo que estaba por darse. Así, los guardias no dejaban a los condenados ni un instante solos, hasta el momento mismo en que salían a la arena.

Con todo, unos pocos lograron quitarse la vida en su cautiverio, consiguiendo así abandonar este mundo con dignidad, dejando de ese modo con un palmo de narices a quienes esperaban disfrutar de su humillante muerte en la arena.

El primer caso conocido ocurrió en el año 100 aC, cuando los romanos pusieron fin a la Segunda Guerra Servil (104-100 aC), derrotando a los esclavos que se habían rebelado en Sicilia. Tras la última batalla *Aquilius*, el general romano al mando, capturó a los únicos rebeldes que quedaron vivos, mil en total, entre ellos *Satyrus*, uno de sus líderes. *Aquilius* decidió que los capturados fuesen destruidos echándolos a las fieras (probablemente en el Circo Máximo). No obstante, los esclavos idearon otros planes.

> DIODORO SÍCULO, *Biblioteca histórica*, 36.10.2-3: «Cuando fueron enviados como prisioneros a Roma *Aquilius* determinó que luchasen contra fieras salvajes, y en esa ciudad pusieron fin a sus vidas con gran gallardía y nobleza de espíritu, pues despreciando luchar contra las fieras, decidieron en cambio matarse los unos a los otros en los altares públicos[14], y una vez que todos los otros estuvieron muertos, siendo *Satyrus* el último que quedó, con ánimo heroico se mató a sí mismo».

El siguiente caso ocurrió hacia el año 60, nos lo cuenta Séneca.

> SÉNECA, *Epistulae*, 70.20: «Recientemente hubo en la escuela de los que luchan contra las fieras un germano, que estaba siendo preparado para el espectáculo matutino (las cacerías de fieras). Se ausentó para hacer sus necesidades, única cosa que le permitían hacer a solas y sin custodia. Allí cogió el palo que lleva la esponja en la punta (lo que los romanos usaban como papel higiénico[15]), utensilio reservado para el más sucio de los usos, y se lo metió entero en la garganta, obstruyendo así la respiración».

---

14   Se mataban en/ante los altares públicos (los altares que había en la calle frente a los templos, para realizar los sacrificios [atar y degollar a las reses ofrendadas a la divinidad]) porque creían que así quedaban bajo la protección del dios, beneficiándoles en su paso al otro mundo. En la tragedia de Esquilo *Las suplicantes* (compuesta *c.* 466-463 aC) estas amenazan igualmente con suicidarse en los altares.

15   El nombre latino del objeto era *xylospongium* (del griego ξύλοσπόγγον [ξύλον=palo+ σπόγγος=esponja]), término que Séneca no usa aquí, sino la expresión «*lignum … adhaerente spongia*» (palo que lleva adherida la esponja).

Otro caso, no menos truculento, y acaecido hacia el mismo tiempo, es recogido también por Séneca (como buen estoico el tema del suicidio le interesaba bastante).

> SÉNECA, *Epistulae*, 70.23: «Cuando hace poco llevaban a uno custodiado al espectáculo matutino (*i.e.* a ser echado a las fieras), este se hizo el dormido junto al borde del carro en el que lo llevaban, hasta que colocó su cabeza entre los radios de la rueda, y mantuvo esa posición hasta que el giro de la rueda le rompió el cuello: el mismo vehículo que le llevaba a su castigo le sirvió para escapar de él».

El último de esos suicidios ocurridos antes del día del espectáculo tuvo lugar en 393, cuando veintinueve prisioneros sajones que Símaco había comprado para que luchasen como gladiadores en unos juegos dados por él en honor de su hijo decidieron truncar los planes de su dueño mientras aún estaban en el calabozo.

> SÍMACO, *Epistulae*, 2.46.1-2: «La muerte se ha llevado a un número de sajones del total que yo había fijado para el entretenimiento del pueblo … ¿Cómo podrían los guardias haber detenido las impías manos de gentes desesperadas, cuando veintinueve sajones deciden estrangularse sin lazo el primer día de los juegos gladiatorios?»

El texto confirma que los condenados estaban encerrados sin ningún objeto que pudiera servirles para suicidarse, ni siquiera lazos o cuerdas (para ello solían encerrarlos desnudos, pues la ropa podían usarla para estrangularse o atascársela en la garganta, como el germano del segundo texto). Así, como no tenían nada, se vieron forzados a estrangularse los unos a los otros (como hicieron los esclavos del primer texto, liderados por *Satyrus*). Al hacer eso forzosamente quedaba siempre uno con vida al final (no quedaba nadie que pudiese estrangularle a él, como vimos que le ocurrió a *Satyrus*), el cual se suicidaba de la manera más desesperada (como hizo *Satyrus*, según señala Diodoro). No se dejaba al azar determinar quién era ese que quedase vivo al final, sino que —como en el caso de *Satyrus*— se decidía desde el principio, eligiendo al más valiente, pues era ciertamente el único que iba a suicidarse en realidad (los otros no se habían suicidado en sentido estricto, sino que se habían matado los unos a los otros). Solo, ese último no solamente tenía que suicidarse, sino que —como en el caso de *Satyrus* o del último sajón— tenía que hacerlo sin medios, de la manera más desesperada (se abrían la cabeza contra el altar, etc.). Por eso tenía que ser el más valiente.

El estrangulamiento de 29 hombres lleva su tiempo, por lo que si no fue advertido ni detenido por los guardias que sin duda custodiaban la celda (como dice Símaco) fue porque esos guardias estaban evidentemente dormidos (los sajones esperaron a la noche, cuando los guardias se quedaron dormidos, para matarse).

Pero paradójicamente, si mientras esperaban al espectáculo (en la celda o mientras eran llevados a la arena) todo eran dificultades para suicidarse (constantemente vigilados y sin objetos con los que matarse), en el mismo momento que los echaban a la arena todo eran facilidades para poner fin a sus vidas: encontraban entonces todos los medios para suicidarse, pues, por ejemplo, aquellos condenados a morir luchando (ya fuese contra otros condenados o contra fieras) recibían lógicamente armas en el momento de salir a la arena. Se encontraban entonces empuñando el objeto con el que poder realizar su propósito suicida, aquellos que no habían podido matarse antes, si bien hacerlo entonces, sobre la arena, ya no lograba evitar la humillación y deshonra de morir ante los ojos de los espectadores: al matarte les estabas proporcionando un espectáculo, tu muerte era ya un entretenimiento, que era por lo que estaban en la grada esos espectadores.

Roma vencía, ya te había vencido, pues te había humillado.

Pero pese a ello muchos consideraban que morir sobre la arena por la propia mano era más honroso que morir a manos de otro, o de las fieras, por lo que de todos modos llevaban a cabo su propósito.

Así, Séneca describe el alivio sentido por un *naumachiarius* (condenado a luchar en una *naumachia*) al verse sobre el barco empuñando una lanza. El suceso acaeció en una *naumachia* que Nerón dio en 64 en su anfiteatro de madera.

SÉNECA, *Epistulae,* 70.26: «Uno de los bárbaros se clavó en la garganta la lanza que le habían dado para luchar contra sus adversarios. "¿Por qué, por qué no he escapado mucho antes de todo este tormento y toda esta mofa (*ludibrium*)?" dijo, "¿Por qué si estoy armado habría de esperar a la muerte?"»

Como vemos, el condenado usa la palabra *ludibrium* (ludibrio, mofa, burla, escarnio), que también significaba «juguete» (*ludibrium* deriva de *ludus* [juego]), porque literalmente consideraban que eso era jugar con ellos y con sus vidas, que jugaban con ellos en la arena, que los usaban como juguetes, para entretenerse. Por eso consideraban que era tan humillante aparecer en los espectáculos, y por eso intentaban matarse antes.

Esa era la razón primera de esos suicidios (evitar esa humillación), y no (como pudiéramos pensar hoy) el terror a la muerte atroz y sufrimiento extremo que les esperaba en la arena (especialmente en el caso de quienes iban a ser echados a las fieras, despedazados y devorados vivos por estas).

El orgullo y el deseo de tener una muerte digna era muy fuerte en las gentes de entonces, eran muy orgullosos, y para ellos estar a la altura de sus antepasados y de sus estirpes era más importante que su propia vida. Morir sirviendo de espectáculo, y sobre todo a sus enemigos, era algo que evidentemente resultaba inaceptable para esas gentes, especialmente para el germano y los sajones citados (los pueblos del norte de Europa eran especialmente orgullosos en esa época). Lo mismo podríamos decir de los mil esclavos capturados por *Aquilius*: si habían luchado durante cuatro años en la guerra es evidente que no eran unos cobardes que se asustaran por tener que enfrentarse a unas fieras… lo que les llevó al suicidio fue el querer tener una muerta digna, dejar a los romanos con un palmo de narices por última vez, privándoles del *spectaculum*, del *ludibrium*, de su muerte en la arena.

<blockquote>
«El gladiador vencido en la salvaje arena espera (salvar la vida),
aunque la gente lo amenace con el pulgar»

«Sperat et in saeva victus gladiator harena,
sit licet infesto pollice turba minax»

Anthologia latina, 415.27-28
</blockquote>

10. *Sabinus*: el *Maximus Decimus Meridius* real

Año: del 37 al 46 (790 - 799 de la fundación de Roma)

Lugar: varios anfiteatros, principalmente en Roma

Tipo de espectáculo: *gladiatura*

Sabinus era probablemente el mejor *thraex* del reinado de Calígula (37-41). Seguramente pertenecía al *ludus* imperial que ese emperador tenía en Roma, y si no pertenecía a este desde un principio sin duda que Calígula lo hizo incorporarse a él tan pronto se fijó en sus gestas gladiatorias (puede que fuese uno de los dos gladiadores que Plinio dice que había en ese *ludus* que no pestañeaban cuando blandían un arma ante ellos, y que por eso eran considerados invencibles). En cualquier caso, *Sabinus* llegó a ser tan bueno que Calígula, que era fan de los *thraeces,* lo nombró prefecto de la guardia germana del emperador.

Como cabría esperar en un *thraex* campeón, Josefo señala que *Sabinus* tenía «un cuerpo robusto».

Que fuese robusto y que Calígula le nombrase prefecto de la guardia germana hace pensar que *Sabinus* era quizá de ascendencia germana, pues estos destacaban por su físico.

Con toda seguridad, pese al nombramiento, *Sabinus* debió de seguir luchando como gladiador, pues Calígula no habría renunciado al placer de verle combatir, pero sin el peligro ya de perder la vida en la arena, pues contaba con la protección del emperador (quien además había reducido la armadura de sus rivales los *murmillones*, y que incluso envenenaba a los campeones *murmillones* que sobresalían).

Junto a los combates, en esos tiempos dorados para *Sabinus*, su presencia en palacio (como jefe de la guardia) le facilitó el acceso a damas de alta posición, por lo que debió de ser entonces cuando conoció a Mesalina y comenzó una relación con ella (Mesalina, nacida en el año 20, se casó en 38 con Claudio, de 47 años, por lo que desde entonces debió de ser un personaje habitual en palacio).

Que Mesalina estuviese casada no la frenó de iniciar la relación con *Sabinus*, pues al margen de que Claudio fuese treinta años mayor que ella (algo normal en los matrimonios de la época) y físicamente deforme (sus piernas eran enclenques), y tuviese fama de idiota (se había casado con él sólo por el interés), y de que *Sabinus* fuese joven y «robusto» (como hemos visto), Mesalina era además muy promiscua, siendo amables en la elección del término. Los autores de su época no lo son tanto, y abiertamente la llaman «meretriz» (Juvenal), «impúdica» (Tácito) y «lujuriosa» (Dión Casio), entre otras perlas.

Todas las fuentes coinciden en que era muy bella de cara y hermosa de cuerpo, de pelo negro, la típica belleza italiana que lógicamente ha llegado hasta nuestros días y todos conocemos (Sophia Loren, Sabrina, Monica Bellucci). Las esculturas que han sobrevivido de ella confirman los testimonios escritos, y permiten asegurar que en su caso se trataba efectivamente de un bellezón (no como Cleopatra, cuya proverbial belleza no es más que un mito, pues generaciones de endogamia en la familia de los Ptolomeos habían degenerado en unos rasgos faciales exagerados [particularmente la nariz, como muestra el busto conservado en Berlín[16]] y un cuerpo contrahecho).

Con esos atributos físicos, y una fiera en la cama, Mesalina, a sus 18 años, era irresistible para cualquier hombre, y fue por eso que Claudio vino a reparar en ella (las fuentes coinciden en que a él le perdían las mujeres guapas, las cuales anulaban su voluntad, por lo que ellas hacían con él lo que querían). Así, como Claudio era un prominente miembro de la familia imperial, y viendo Mesalina que podía controlarlo completamente y hacer a su antojo (y convenientemente aconsejada por su madre), Mesalina se casó con Claudio.

Pero, como decimos, no por eso dejó ella de tener todos los amantes que quiso, por lo que en cuanto se cruzó en la corte con *Sabinus* lo sumó a su lista. Este tampoco se frenó porque ella fuese la esposa de un miembro de la familia imperial: los gladiadores eran famosos por su virilidad y arrojo… eran lo suficientemente lujuriosos como para acostarse con cualquier mujer que se les antojaba y lo suficientemente valientes como para asumir los peligros derivados de maridos celosos (total, se veían con la muerte a diario en la arena, así que quizá los matasen antes otros gladiadores que un marido despechado). Además, los maridos también se pensaban dos

---

16   Y eso considerando que ese busto lleva el 'filtro' de idealización que se aplicaba a toda figura ilustre… ni podemos imaginar cómo sería en realidad. Plutarco (*Antonio*, 27.2) dice de ella (transcribiendo testimonios de quienes la vieron) que «su belleza no era incomparable sino que destacaba por su personalidad». Vamos, lo que suele decirse de alguien feo: que destaca por su personalidad. Hay que recordar que sus conquistas sexuales consistieron en César (cuando él tenía 52 y ella 21) y Marco Antonio (cuando él tenía 41 y ella 27), y que ella era «la reina de Egipto», un apoyo que ambos necesitaban para imponerse en las guerras civiles. Sin embargo Octavio (luego Augusto), seis años más joven que ella, no quiso nada con ella, pasó de ella.

veces meterse con un gladiador (antes mataban a la adultera, un derecho que la ley reconocía a todo marido).

Continuó así *Sabinus* su relación con Mesalina, y como prefecto de la guardia, hasta el 24 de enero de 41, cuando cansado de las bestialidades de Calígula, se unió al complot de Casio Cerea para matar al emperador.

> SUETONIO, *Caligula*, 58.2: «Cerea se acercó por detrás y le dio un corte profundo en el cuello, habiendo gritado antes «Toma esto», y entonces el tribuno Cornelio *Sabinus*, que era el otro conspirador y que estaba frente a Calígula, le apuñaló en el pecho».

El objetivo primero de los asesinos era librar a Roma del tirano (la lista de crímenes de Calígula era ya intolerable) y, secundariamente, volver a instaurar la república[17], pero esto era algo que iba contra los intereses de la guardia pretoriana, que era un cuerpo que dependía directamente del emperador (del cual recibía privilegios, los cuales no iba a recibir si no había emperador), por lo que en cuanto los pretorianos supieron de la muerte de Calígula, esa misma tarde proclamaron a un nuevo emperador, Claudio (al encontrarlo escondido tras unas cortinas[18], muerto de miedo porque creía que los conspiradores también querían matarlo a él). El propio Senado también apoyó el nombramiento de Claudio, pues los senadores más influyentes se sentían más cómodos en el sistema imperial (con un emperador al que poder influir, y del que poder recibir regalías) que volviendo a una república (en la que tendrían que competir contra muchos otros senadores, quizá más capaces que ellos, en una lucha continua como la que había derivado en las guerras civiles que pusieron fin a la república).

---

17 *Sabinus* llegó a decir que el objetivo era «restituir la libertad a la patria» (Josefo, *Antigüedades judías*, 19.4.4).

18 Las cortinas (*vela*) solo las menciona Suetonio (*Claudio*, 10.1). Josefo, que es una fuente más contemporánea y completa (y por tanto más fiable), solo dice —varias veces— que estaba oculto en un lugar oscuro (*Antigüedades judías*, 19.3.1).

El pueblo también apoyó el nombramiento de un nuevo emperador, pues no querían que el poder pasara a los senadores, pues creían que estos abusarían del pueblo, como ya habían hecho en el pasado.

Como vemos, por su biografía, *Sabinus* tiene muchas similitudes con el *Maximus Decimus Meridius* de *Gladiator 1* (2000, Ridley Scott): *Sabinus* es gladiador, llega a prefecto-tribuno, y mata al emperador (para restaurar la república), mientras que *Maximus* es general, se convierte en gladiador, y mata al emperador (con esa misma idea de restaurar la república).

Proclamado así Claudio emperador, este condenó a muerte a Cerea[19], pero absolvió a *Sabinus*.

> JOSEFO, *Antigüedades judías*, 19.4.6: «Claudio no sólo absolvió a *Sabinus*, sino que le permitió mantener el puesto que antes tenía en el ejército».

Pero *Sabinus* no quiso ya retomar ese puesto, y por un fragmento de Dión Casio (que vemos abajo) sabemos que decidió volver a su oficio de gladiador, que siguió siendo muy lucrativo porque Claudio (como Calígula) continuó dando combates de gladiadores de modo desenfrenado («Claudio daba continuamente combates de gladiadores, pues disfrutaba mucho con ese espectáculo» Dión Casio, 60.13.1).

Los gladiadores ganaron así mucho dinero durante ese periodo, especialmente *Sabinus*, que seguía siendo el mejor.

Como *Sabinus* era tan bueno, luchaba siempre en los *munera* presididos por el emperador, pero a diferencia del reinado de Calígula (quien protegía a los gladiadores *thraeces*

---

19 Cerea había hablado públicamente en contra de Claudio, insultándole. Josefo, *Antigüedades judías*, 19.4.4: «Cerea, encendido de ira, al ver que exigían un emperador … les dijo [a los soldados] que les traería la cabeza de Claudio, pues no entendía que quisieran entregar el imperio a la imbecilidad (Claudio), después de haberlo entregado a la locura (Calígula)».

porque eran sus favoritos, especialmente *Sabinus*, por lo que estos nunca corrían ningún riesgo), con Claudio el oficio de gladiador se había vuelto muy arriesgado, pues el nuevo emperador no tenía gladiadores favoritos, lo que le gustaba de ellos (y del espectáculo gladiatorio, como a Séneca) era verles morir, cómo se enfrentaban a la muerte (la cual aterraba a Claudio, que como ya hemos visto era el mayor de los cobardes).

Así , Claudio siempre condenaba a muerte a los gladiadores vencidos.

> SUETONIO, *Claudius*, 34.1: «En cualquier espectáculo gladiatorio, suyo o ajeno, ordenaba degollar incluso a los que caían accidentalmente, máxime a los retiarios, para poder ver sus rostros mientras morían»

> * lo ordenaba especialmente a los retiarios porque eran el único tipo de gladiador que luchaba sin yelmo, por lo que podía ver su expresión al morir.

Por tanto, *Sabinus* sabía con toda certeza que si algún día lo derrotaban en la arena, su muerte era segura: Claudio no iba a salvarle, como hacía Calígula.

Pero como gladiador que era, eso era un chute de adrenalina más, ahora disfrutaba más cada vez que luchaba en la arena, lo que sentía era incomparable, adictivo, así que no podía dejarlo.

Estaba también el mucho dinero que ganaba, y que ahora que ya no pertenecía a la guardia imperial, ser gladiador era lo único que le hacía atractivo a los ojos de Mesalina, la cual le daba acceso a ella y a sus orgías en palacio, otra cosa a la que también estaba enganchado y no iba a dejar.

Pero Mesalina era otra variante que añadía riesgo a sus combates frente a Claudio, pues aunque por ahora el emperador no sabía nada de la relación, cualquier día podía descubrirlo, y ese sería el último día de *Sabinus*.

Pero, como decimos, era un gladiador, así que era lo suficientemente machote como para correr el riesgo (si se había atrevido a matar a un emperador no se iba a amedrentar por eso).

Confiaba además en su calidad, en que nunca sería derrotado ante Claudio.

Pero el peligro que representaba su relación con Mesalina se hizo aún mayor al convertirse esta en emperatriz (cuando Claudio fue proclamado emperador, en 41), pues ella no cesó en su carrera lujuriosa, sino que ahora que tenía más poder y todo el dinero de la corte fue a más: cuando Claudio no estaba en palacio montaba orgías, en las que participaba ella misma, y sin duda también *Sabinus*.

> DIÓN CASIO, 60.18.1-2: «Mesalina no sólo exhibía su libertinaje sino que también obligaba a las otras mujeres a mostrarse igualmente impúdicas. Obligó a muchas de ellas a cometer adulterio en el mismo palacio, mientras sus maridos estaban presentes y miraban. A tales hombres los amaba y apreciaba y los recompensaba con honores y cargos».

Para esas orgías no tenía bastante con las mujeres de la corte, lógicamente, de educación refinada y por tanto recatadas y mojigatas en la cama, las cuales no podían igualar su desvergüenza, por lo que para animarlas a soltarse, y para aleccionarlas en las artes amatorias, necesitaba también de profesionales, por lo que contrataba a las mejores prostitutas de Roma. Y en aquel entonces la mejor de todas, y la más famosa, era Escila (*Scylla*, como el monstruo de la *Odisea*), nombre artístico muy apropiado para una meretriz porque, como el monstruo, ningún hombre podía escapar de ella, ella se lo tragaba todo.

La tradición romana decía que el monstruo Escila vivía en una roca de la costa de Sicilia (roca que hoy es una atracción turística de la isla), por lo que la prostituta homónima se decía que también era siciliana.

Pero evidentemente dos gallinas en el mismo gallinero no podían convivir, por lo que inmediatamente surgió la rivalidad entre ellas, por ver quién era la mejor en la cama, cuestión que decidieron dirimir compitiendo a ver cuál de las dos podía satisfacer a más hombres en una noche.

PLINIO, *NH*, 10.83.172: «Mesalina, esposa de Claudio, consideró que esa era una competición digna de una emperatriz… y para decidir la cuestión eligió a una de las mujeres más famosas que ejercían la profesión de prostituta a sueldo».

El lector puede adivinar fácilmente cuál de las dos ganó.

PLINIO, *NH*, 10.83.172: «tras no parar noche y día, la emperatriz la superó, al satisfacer con el coito a 25 hombres».

El relato de Plinio es escueto, por decoro, pero tan insuperable episodio de la historia de Roma ha sido recreado con más gracia en la ficción moderna, concretamente en la serie *Yo, Claudio* (*I, Claudius*, 1976, BBC, episodio «A God in Colchester»). La escena comienza con el enfrentamiento de ambas mujeres, lanzándose pullas para picar a la otra, tras lo cual, desairadas, entran decididas al dormitorio donde vemos una cama enorme y una larga fila de hombres, en feliz espera. Siguen otras escenas de tema diferente, para dar a entender que pasan varias horas, hasta que finalmente vemos de nuevo la puerta del dormitorio, de la que sale despeinada y andando con dificultad Escila, que con gesto contrariado dice «¡No es humana, debe de tener las entrañas de acero!» («She´s inhuman. Her insides must be made out of old army boots» en el original ingles [la escena puede verse en YouTube]).

No obstante, la vida de *Sabinus* comenzó a torcerse hacia el año 46, cuando Mesalina eligió al actor Mnester como su nuevo amante favorito, por lo que *Sabinus* pasó a un segundo plano en su corazón. Igualmente, su carrera gladiatoria también sufrió un punto de inflexión ese año, en un *munus* presidido por Claudio y Mesalina. Entre los combates disputados ese día, uno enfrentó a *Sabinus* contra otro gladiador, resultando en la derrota de *Sabinus*. Con Claudio presente, no había esperanza de salvar la vida, pese a lo cual *Sabinus* pidió la *missio:* levantó el brazo izquierdo y extendió el dedo índice.

Pero era inútil, Claudio quería verle morir, como a todo gladiador derrotado ante él, y también el público pedía su muerte: la gente ahora le odiaba por haber colaborado en el pasado en los crímenes organizados por Calígula.

No cabía esperanza alguna de salvación para la estrella.

> DIÓN CASIO, 60.28.2: «Claudio y todos los demás deseaban ver muerto a *Sabinus*, el anterior prefecto de la guardia germana en tiempos de Calígula, durante un combate de gladiadores».

Pero como decían los romanos, el amor lo puede todo (*amor omnia vincit*)[20], o al menos los rescoldos de este, por lo que Mesalina, quizá movida por la nostalgia de los buenos momentos pasados con su antiguo amante, quizá porque aún le amaba, comenzó a camelarse a su esposo hasta que consiguió que este, contra la voluntad de los espectadores y la suya propia, concediese la *missio* a *Sabinus*.

> DIÓN CASIO, 60.28.2: «Mesalina le salvó, porque él había sido uno de sus amantes».

Este episodio muestra claramente lo útiles que podían ser para los gladiadores las relaciones que solían mantener con mujeres de la alta sociedad, tan abundantemente documentadas en las fuentes.

Claudio era un esclavo de las mujeres guapas y del sexo, lo que lo convirtió en un calzonazos total, subordinado siempre a la voluntad de sus esposas, como ilustra perfectamente este episodio. Mesalina —joven, guapa, ninfómana y experta en todas las artes sexuales— podía por tanto hacer lo que quería con Claudio, y el pueblo, aunque admiraba a su emperador por sus muchas virtudes, lo odiaba por esto, pues no soportaban ver a un emperador de los romanos manejado

---

20 La frase aparece originalmente en Virgilio, *Eclogae*, 10.69: «*Omnia vincit amor, et nos cedamus amori*» (todo lo vence el amor, y nosotros cedamos al amor). Virgilio compuso las *Eclogae* entre 42 y 39 aC.

y engañado por su mujer («El pueblo estaba indignado de verle hecho el esclavo de su esposa» Dión Casio, 60.28.2).

Tras este episodio no tenemos más noticias de *Sabinus* en la arena ni en ningún acto público, por lo que parece que entendió que sus días como gladiador habían terminado, y también como amante de Mesalina, pues parecía evidente que Claudio sospechaba ya algo, por lo que podía descartar así cualquier idea de volver con ella.

Nostálgico quizá de los buenos tiempos pasados que ya no iban a volver, tanto en la arena como en la cama, pensó entonces en sus compañeros del complot contra Calígula, esos valientes que junto a él habían librado a Roma y al imperio de ese monstruo, y decidió unirse a ellos en el otro mundo.

> JOSEFO, *Antigüedades judías*, 19.4.6: «[*Sabinus*] considerando inicuo apartarse del juramento que diera a los conjurados, se mató cayendo sobre su espada, clavándosela en el cuerpo hasta la empuñadura».

No sabemos si su ex-amante Mesalina lloró mucho cuando supo de la muerte de *Sabinus*, pero sin duda lo lamentó, pues de lo contrario no le habría salvado la vida en la arena. En cualquier caso, ella ya estaba encaminada hacia su propio final.

Su lujuria seguía desenfrenada, y sus piques con las prostitutas y coqueteos con ese mundo, que evidentemente le atraía, la hicieron llegar al punto de que, por las noches, cuando Claudio dormía, abandonaba palacio para prostituirse en un burdel de Roma, para poder así tener sexo con hombres de toda clase y condición, no sólo con los de palacio, de los que ya estaba cansada y los cuales, cada vez en más número, rehusaban intimar con ella, lógicamente, porque se jugaban la vida si Claudio se enteraba.

> JUVENAL, *Saturae*, 6.116-132: «Cuando la esposa sentía que su marido dormía, esta augusta meretriz se ponía una capu-

cha de noche, y osando preferir una estera al dormitorio del Palatino, partía acompañada solo por una esclava. Pero escondiendo su pelo negro con una peluca rubia[21], entraba en un sofocante lupanar de viejas cortinas, y en un cuarto vacío pero suyo. Entonces se prostituía desnuda, con los pezones pintados de oro, bajo el apodo de «Lobita» (*Lyciscae*), mostrando 'el vientre' … Recibía cariñosa a los clientes y les pedía el dinero, y tumbada se tragaba los pollazos de todos. Luego, cuando el chulo ya despedía a sus chicas, partía triste, y aún hacía lo que podía, cerrar la última su cuarto, ardiendo todavía cachonda con el clítoris rígido, y exhausta de tíos pero aún no saciada, se retiraba, y con mejillas oscurecidas y sucia por el humo del candil llevaba el hedor de la casa de putas a la almohada imperial».

Por increíble que parezca, Claudio seguía sin enterarse (así lo aseguran las fuentes). En ocasiones oía algo de sus amoríos con este o aquel, pero ella se lo camelaba como siempre con sus encantos y él acababa por perdonarla. Pero como

---

21 En Roma, como en todo el Mediterráneo, el pelo rubio no abundaba, la mayoría de mujeres eran morenas, como Mesalina, razón por la cual las rubias llamaban la atención de los hombres, y por ello las prostitutas que no eran rubias naturales solían usar una peluca rubia (*galero flavo*). Así, dado que todas las prostitutas eran 'rubias' (naturales o de peluca), el pelo rubio en la mujer acabó asociándose con la prostitución. Aunque las romanas ya conocían los tintes para el pelo, no funcionaban muy bien (evidentemente, pues si no los hubiese usado la emperatriz Mesalina, en lugar de una peluca), razón por la que preferían las pelucas, que elaboraban con pelo de las esclavas del norte de Europa. La demanda era tal que incluso surgió un comercio de cabelleras de mujeres de esa parte de Europa (esas mujeres vendían su cabello y los comerciantes lo llevaban a Roma). Lógicamente, ninguna romana decente compraba ese artículo, asociado totalmente con la prostitución, hasta tal punto que Marcial tiene un epigrama (5.68, dedicado a Lesbia, una prostituta) jugando con esa asociación entre pelo rubio y prostitución: «Te he mandado una cabellera de gente del Ártico, Lesbia, para que veas cuánto más rubia es la tuya» (*i.e.* para que veas cuanto más puta eres tú) [*Arctoa de gente comam tibi, Lesbia, misi, ut scires quanto sit tua flava magis*]).

la osadía (sobre todo la que no recibe castigo) lleva cada vez a más, terminó por conducirla finalmente a su perdición.

En 48 Claudio fue a Ostia, lo que aprovechó ella para casarse con su nuevo amante, el senador *Silius,* en lo que parece que era un complot para deponer a Claudio y colocar a *Silius* como nuevo emperador (algo que merece toda la credibilidad dada la ambición desmedida de ella). Sin embargo, el liberto *Narcissus* ya no quiso encubrirla más, e informó a Claudio, que furioso regresó rápidamente a Roma.

Mesalina se enteró de que habían avisado a Claudio, y fue a palacio para verle, acompañada de los hijos del matrimonio, segura de que podría engatusarlo una vez más, como siempre. Pero *Narcissus* no le permitió pasar, porque sabía que Claudio era lo suficientemente idiota como para volver a perdonarla si la veía. Así, *Narcissus* la echó de palacio, gritándole todas las desvergüenzas que había cometido.

Pese a ello, a la mañana siguiente Claudio ya se había ablandado lo suficiente como para pedir verla a solas («llamad a esa miserable», dijo[22]), y como *Narcissus* sabía lo que eso significaba ordenó ejecutarla, fingiendo que era una orden dada por Claudio.

Cuando el tribuno pretoriano llegó a los Jardines de Lúculo, donde Mesalina se había refugiado con su madre, dio a la emperatriz la opción de suicidarse por su propia mano, una salida más honrosa que morir a manos de un soldado, como una perra.

> TÁCITO, *Annales,* 11.38: «[Mesalina] empuñó la daga, pero como estaba temblando de miedo no lograba clavársela ni en el cuello ni en el pecho, así que el tribuno la atravesó con su espada».

---

22 Tácito, *Annales,* 11.37: «*iri iubet nuntiarique miserae (hoc enim verbo usum ferunt) dicendam ad causam*».

El Senado dictó una condena de su memoria (*damnatio memoriae*), medida que solía tomarse con los personajes más nefastos, por lo que su nombre fue borrado de todas las inscripciones y textos, y sus estatuas destruidas.

Así, con una diferencia de unos pocos meses, Mesalina se reunió en el averno con *Sabinus*, el gladiador que liberó a Roma de la bestia de Calígula, y con todos sus otros amantes a los cuales su lujuria de emperatriz ya había mandado allí precozmente.

«Lo que quiera que la fama canta, la arena te lo muestra»

«Quidquid fama canit, praestat harena tibi»

Marcial, *Liber spectaculorum*, 5.4

11. Dragones y unicornios

Año: desde el 55 aC hasta el 420, aproximadamente
Lugar: Roma
Tipo de espectáculo: *venatio*

Para nosotros hoy, hablar de dragones y unicornios suena a seres ficticios, del mundo de los cuentos, pero para los romanos eran animales reales, animales de carne y hueso que podían ver en las *venationes*.

Comenzaremos con los dragones.

En latín *draco* (plural *dracones*) significaba «serpiente de gran tamaño», las correspondientes a las especies que hoy llamamos pitón. La palabra latina derivaba de la griega δράκων (serpiente).

Una de las primeras que pudo verse en Roma la mostró Augusto, de tamaño muy notable, pues Suetonio dice que medía 50 codos romanos (22 m), lo que es una exageración evidente ya que ninguna especie conocida hoy de serpiente mide tanto (las pitones más largas rondan los 8 m). No obstante, la exagerada longitud señalada por Suetonio indica que se trataba de una pitón, como también sería una pitón la serpiente de 10 codos (4,44 m) que una embajada india regaló a Augusto en el año 13. Que las relaciones con la India fueran frecuentes en ese tiempo sugiere que la mayoría de esas pitones que se exhibieron por entonces en Roma venían de esa zona del mundo (la mayoría de especies de pitones viven en Asia [*e.g.* la pitón reticulada, la más larga]. También hay especies de pitones oriundas de África, pero habitan zonas subsaharianas, que no tuvieron contacto con el mundo romano).

Serpientes de semejante tamaño llamaron enormemente la atención de los romanos, que también apreciaban la belleza de su piel y su tacto suave, hasta el punto de que las adoptaron como mascotas. De hecho, eran tan corrientes como animales de compañía que en los banquetes las dejaban deslizarse sobre las mesas, reptando entre las copas y por los regazos de los comensales.

> SÉNECA, *De ira*, 2.31.6: «*inter pocula sinusque innoxio lapsu dracones*»
> entre las copas y nuestros pechos se deslizan inofensivos los dragones.

El reptar lento y elegante de las pitones, deslizándose delicada y caprichosamente, encajaba muy bien con la voluptuosidad que los ricos romanos querían ofrecer en sus banquetes.

También con la que las mujeres ricas pretendían impostar, por lo que estas mostraban especial afición por estos animales, y así, al igual que hoy, era frecuente ver a mujeres que llevaban encima uno de esos reptiles, como ornamento. Por ejemplo, Marcial nos habla de una tal *Cadilla*, que solía pasearse por Roma con una de esas enormes serpientes al cuello.

> MARCIAL, *Epigrammata*, 7.87: «*gelidum collo nectit Cadilla draconem*»
> *Cadilla* se enrosca al cuello un gélido dragón.

De hecho, la escena recogida por Marcial sugiere que ya por entonces se daban en Roma espectáculos de bailarinas con serpientes al cuello, al más puro estilo Salma Hayek en *Abierto hasta el amanecer* (era un espectáculo habitual en la

India, y sin duda cuando las embajadas indias llegaron a Roma fue ese uno de los números con los que agasajaron a Augusto, lo que popularizó ese tipo de danza en Roma).

Pero de entre todos los romanos que tuvieron dragones como mascotas, el más insigne fue el emperador Tiberio, que sentía tanto cariño por el suyo que lo alimentaba personalmente. De hecho, esa serpiente era tan importante para Tiberio que un incidente relacionado con ella afectó de tal manera al emperador que decidió no volver jamás a Roma (por entonces vivía en la isla de Capri).

> SUETONIO, *Tiberius*, 72.2: «*Erat in oblectamentis serpens **draco**, quem ex consuetudine manu sua cibaturus cum consumptum a formicis invenisset, monitus est ut vim multitudinis caveret*».
> Se deleitaba con una serpiente dragón, y cuando un día —según su costumbre— fue a alimentarla con su propia mano, se la encontró devorada por las hormigas, lo que le previno contra las multitudes.

Sin duda el emperador interpretó que independientemente de lo fuerte que uno sea, siempre puede ser destruido por la multitud. Así, si Tiberio ya antes de ese incidente era poco amigo de las masas de gente (razón por la cual se mudó a Capri), desde entonces tuvo aún más claro que jamás volvería a Roma.

Por otro lado, el término *unius cornus* designaba —obviamente— al rinoceronte indio, que tiene un cuerno, a diferencia de las especies de rinocerontes africanos, que tienen dos, y por tanto eran llamados *cornu gemino* (Marcial, *Spect.*, 22.5).

El primer *unius cornus* que pudo verse en Roma lo exhibió Pompeyo en sus juegos de 55 aC.

> PLINIO, *NH*, 8.29.71: «*Isdem ludis et rhinoceros **unius** in nare cornus, qualis saepe, visus*».
> en esos mismos juegos mostró también al rinoceronte que

tiene un cuerno en la nariz, el cual ha sido exhibido varias veces desde entonces.

Como dice Plinio, desde esa primera aparición en 55 aC el rinoceronte indio fue una atracción frecuente en las arenas de Roma, pues Augusto lo mostró varias veces, una de ellas luchando contra un elefante. Plinio publicó su *Naturalis historia* en el año 77, por lo que no cita como animal exhibido en Roma al rinoceronte blanco, de dos cuernos, que no apareció en la Urbe hasta la inauguración del Coliseo (80), y que Domiciano siguió exhibiendo (83-85, cap.17).

En todas esas ocasiones (desde 55 aC hasta 85) los rinocerontes son solo exhibidos, o aparecen luchando contra otros animales (elefantes, toros, búfalos, leones, etc., venciendo siempre, salvo contra el elefante). No obstante, en el primero de los espectáculos de Augusto (en 29 aC) se dice que lo mataron (abatido por hombres, obviamente), así que el enfrentamiento rinoceronte-hombre, como *venatio*, ya existía.

Los rinocerontes aparecen de nuevo con Antonino Pío (en 148), Cómodo (en 192), Caracalla (198-217), Heliogábalo (218-222) y en 248 (en los juegos por los mil años de Roma), aunque en todos esos casos desconocemos si eran indios o blancos[23] (no lo especifican las fuentes). En casi todas esas ocasiones lucharon contra hombres, pues se dice que murieron en la arena (así, la famosa escena de *Gladiator 2* que muestra a un rinoceronte luchando contra hombres es rigurosa, además bajo Caracalla, y aunque las fuentes nunca mencionan o muestran a un hombre montado encima, como en la escena, es plausible que hubiese ocurrido, pues el rinoceronte blanco [el que aparece en la escena, y en las fuentes visuales romanas] es un animal muy inteligente y, por tanto, fácilmente domable [YouTube está lleno de vídeos de gente montando rinocerontes blancos, incluso niños… si puede hacerse hoy sin duda lograron hacerlo entonces también: consiguieron

---

23 El rinoceronte negro (la otra especie de rinoceronte africano, junto al blanco) nunca habría aparecido en Roma, como explicamos en cap.17.

que los elefantes caminasen sobre cuerdas y bailaran, así que lograrían montar un rinoceronte, algo mucho más fácil]).

Y de Roma hasta hoy

Una vez que hemos visto que tanto el *draco* como el *unius cornus* eran animales reales para los romanos, toca ahora explicar cómo esas dos palabras pudieron pasar a designar animales ficticios, tal y como las entendemos hoy (dragón y unicornio).

La razón es sencilla.

Conforme el imperio romano fue perdiendo extensión geográfica y poder, la llegada de esos dos animales a Roma se hizo cada vez más rara. El imperio romano de occidente cae en 476, y desde esa fecha (probablemente desde unos 50 años antes) Roma pierde la capacidad de importar animales exóticos de Asia (de donde venían los *dracones* y los *unius cornus*).

En consecuencia, en Europa no volvió a verse una serpiente gigante ni un rinoceronte (indio o africano) en toda la Edad Media. No obstante, las palabras *draco* y *unius cornus* existían (en los textos latinos, el latín era la lengua que hablaba la gente culta en Europa durante la Edad Media), pero como la gente ya no podía ver los animales reales a los que hacían referencia esas palabras, comenzaron a imaginar cómo serían. Así, durante toda la Edad Media se configuró en el imaginario colectivo la imagen del dragón y del unicornio que tenemos hoy. Pese a ello, hay que señalar que la gente tampoco se desvió mucho del sentido original de esas palabras al imaginar el aspecto de esos animales, pues el dragón era representado como una serpiente gigante (que era el significado original de *draco*) con los añadidos de patas y alas, y la facultad de escupir fuego, mientras que el unicornio lo vieron como un caballo con un cuerno en la frente, lo que es bastante aproximado, pues para quien nunca ha visto un rinoceronte, un caballo debe de ser lo más parecido (de entre los animales que conocían los europeos del Medievo)… hay que recordar que los antiguos griegos llamaron hipopótamo (hippo [caballo]+potamos [rio]=caballo de rio) a ese animal porque la primera vez que lo vieron el animal más parecido que les vino a la mente fue el caballo.

Dragones y unicornios eran personajes frecuentes de las leyendas (*e.g.* san Jorge y el dragón) y novelas de caballerías (*e.g.* ciclo artúrico) que tan populares fueron durante el Medievo, todo el mundo las conocía, por lo que esas palabras ya quedaron para siempre asignadas a ese nuevo significado, ficticio (y así han quedado hasta hoy, pues esos animales fabulosos continuaron apareciendo en el género fantástico a lo largo de los siglos).

El primer rinoceronte que se vio en Europa desde tiempos del imperio romano llegó a Lisboa en 1515, tratándose precisamente de un rinoceronte indio, traído por los portugueses de sus posesiones en la India (el animal causó tal sensación que fue inmortalizado en varios retratos, entre ellos el famoso grabado de Durero).

Igualmente, las primeras serpientes gigantes vistas por europeos desde tiempos del imperio romano fueron las avistadas en esas mismas fechas por los exploradoras portugueses en Asia (serían pitones de diferentes especies), mientras que también por el mismo tiempo los españoles se encontraron en Suramérica con el otro gran género de serpientes gigantes, las anacondas. No obstante, ni portugueses ni españoles se plantearon lógicamente capturar vivos a semejantes reptiles, y mucho menos traerlos vivos a Europa (aunque sí los trajeron muertos, disecados, con fines científicos: el Museo Nacional de Ciencias Naturales de Madrid muestra muchos de los ejemplares recibidos desde el siglo XVIII]).

No sería hasta el siglo XIX cuando llegaran las primeras serpientes gigantes vivas a Europa, a los primeros zoológicos.

En cualquier caso, cuando portugueses y españoles vieron por primera vez a esos animales en el siglo XVI, ya no los llamaron por los nombres que les habían dado los romanos, y por los cuales aparecían descritos en los textos clásicos (notablemente en la *Naturalis historia* de Plinio, la obra sobre la naturaleza más usada en la Edad Media y que aún se consultaba como referencia obligada en el siglo XVI), sino que como esas dos palabras (*draco* y *unius cornus*) ya estaban asignadas a los dos seres fabulosos que conocemos hoy, tuvieron que usar otros términos: al mamífero lo llamaron *rhinoceros* (el término genérico latino usado por los romanos para referirse a ese animal, en todas sus especies [lo usa Plinio en el fragmento visto arriba]). La palabra latina *rhinoceros* deriva de la griega ῥινόκερως (rinokeros=rino [nariz]+keros [cuerno]), que en castellano ha dado rinoceronte, que es el término común por el cual conocemos hoy a ese animal (en todas sus especies).

Al reptil lo denominaron primero por el término serpiente (los españoles), *serpente* (los portugueses), que eran los términos genéricos usados en castellano y portugués para referirse a ese animal en todas sus especies (ambas palabras derivan de la latina *serpens*, que es originalmente latina, y que era el término genérico usado por los romanos para referirse a ese animal, en todas sus especies [lo usa Suetonio en su fragmento de arriba]). Para distinguirlas de otras serpientes, los españoles las llamaron «serpientes matatoro» (por motivos obvios, pues las anacondas pueden cazar terneros).

Con la Ilustración y el nacimiento de las clasificaciones científicas de los animales fueron necesarias denominaciones más precisas para esas serpientes gigantes: a las oriundas del Viejo Mundo (Asia y África) las llamaron *python* (del griego Πύθων, Python, el nombre de la serpiente gigante que mata Apolo en la mitología griega), que en castellano dio pitón, mientras que a las oriundas de América las llamaron *boa* (una antigua y poco frecuente palabra latina que significaba «serpiente gigante»). A las especies más grandes de boa las llamaron anaconda (derivado de la palabra tamil anaikkonran, «mata elefantes»).[24]

No obstante, cabe señalar que cuando en 1758 Linneo puso nombre científico al rinoceronte indio, el que escogió fue *Rhinoceros unicornis*, que sigue siendo el nombre científico del animal a día de hoy, y por tanto su nombre «oficial».

---

24 El término *python* lo usa por primera vez en 1803 Daudin, mientras que *boa* lo usa por primera vez en 1758 Linneo. El término anaconda lo usa por primera vez en 1693 John Ray.

Orfeo tocando la lira para amansar a las bestias.
Mosaico del siglo II, hallado en Edesa.
Museo arqueológico de Estambul.

«¿De qué te sorprendes, paleto?»

«quid te stupefactum, rustice»

Calpurnio Sículo, *Eclogae*, 7.40

12. Las ejecuciones mitológicas del Coliseo

Año: 80, de junio a septiembre (833 de la fundación de Roma)
Lugar: Coliseo
Tipo de espectáculo: *ludi meridiani*

En junio del año 80 Tito inaugura el Coliseo con cien días seguidos de juegos (*i.e.* un *munus* de cien días de duración). De acuerdo con el modelo que había establecido Augusto de *munus legitimum*, por la mañana (desde la salida del sol hasta el mediodía) se celebraban las *venationes*, al mediodía los *ludi meridiani* (ejecuciones) y por la tarde (desde las tres hasta la puesta de sol) los combates de gladiadores. Aunque *venationes* y combates de gladiadores podían requerir cierto decorado y algo de trama previa, eran sin embargo los *ludi meridiani* los que normalmente implicaban el uso de decorados más elaborados y de guiones más complejos, para presentar así la ejecución como una historia que atrajese la atención del público.

De ese modo, por ejemplo, Estrabón (*Geografía,* 6.2.6) cuenta cómo en una ejecución celebrada hacia tiempos de César o Augusto un condenado al que apodaban El hijo del Etna (pues se había dedicado al bandolerismo en el área circundante a dicho volcán) fue colocado sobre un decorado que reproducía vagamente esa montaña, decorado que en un momento dado se derrumbó, cayendo el condenado sobre las fieras que se encontraban debajo (las cuales lo devoraron). Esa 'representación' era adecuada para unos juegos normales, pero evidentemente no estaba a la altura de una ocasión tan señalada como la inauguración del Coliseo, por lo que tuvieron que idear tramas más sofisticadas.

Necesitaban algo con más clase, con un toque de distinción, por lo que decidieron realizar los ajusticiamientos en forma de ejecuciones mitológicas. En esencia, una ejecución mitológica consistía en que al ajusticiamiento se le daba la forma de un cuento mitológico: todo comenzaba como una representación teatral (la arena estaba decorada convenientemente) durante la cual se contaba alguna historia mitológica, pero que al final terminaba siempre con la muerte del condenado.

Antes de la inauguración del Coliseo ya hubo algunos precedentes de ejecuciones mitológicas, en época de Nerón, quien, por ejemplo, recreó el mito del vuelo de Ícaro: el condenado (al que imaginamos habrían puesto unas alas en los brazos) saltó desde un punto alto del anfiteatro, yendo a caer cerca del palco de Nerón, tan cerca —de hecho— que salpicó a este de sangre (Suetonio, *Nero,* 12.2).

A parte de ese mito, Nerón también recreó otros, como Pasifae y el toro, por lo que las ejecuciones mitológicas adquirieron mucha popularidad durante su reinado, popularidad que decidieron aprovechar los directores de escena que diseñaron el programa de espectáculos de la inauguración del Coliseo.

Sin duda tales ejecuciones ocuparon un lugar importante dentro del programa de la inauguración, y aún más importante sería el efecto que debieron de causar en los espectadores, pues Marcial dedica cinco epigramas de su *Liber spectaculorum* (*Libro de los espectáculos,* que describe los espectáculos que se ofrecieron durante la inauguración del Coliseo) a narrar ejecuciones mitológicas (compárese con los únicos dos que hablan de gladiadores).

La primera de esas ejecuciones que Marcial nos cuenta en su *Liber spectaculorum* es la unión entre Pasifae y el toro (que sin duda debía de ser muy popular pues ya hemos dicho que también la dio Nerón).

> MARCIAL, *Spect.*, 5: «Creed que Pasifae se unió al toro, pues lo hemos visto. La vieja fabula ha quedado confirmada».

La unión entre la mujer y el toro no era lo que causaba la muerte de la condenada, sino que —como narra Apuleyo (*Met.*, 10.29) sobre una ejecución similar (una mujer y un asno)— durante el desarrollo del acto se soltaba a una fiera, que acaba con ella.

La segunda ejecución mitológica que presenta Marcial recrea el mito de Orfeo, quien tocaba tan bien la lira que amansaba a las fieras. En este caso Marcial narra la ejecución con más detalle, lo que nos permite apreciar las distintas fases que tenían estas representaciones.

Primero, se introducía en la arena el decorado que ambientaba la escena.

> MARCIAL, *Spect.*, 21.3: «Reptaron las rocas y vino un bosque maravilloso».

A continuación se dejaba entrar a los animales (quienes en este caso debían quedar encandilados por la melodía de Orfeo).

> MARCIAL, *Spect.*, 21.5: «Se presentaron juntos ganado y todo género de fieras».

Tras eso, el condenado hacía su aparición, la cual se destacaba de modo espectacular (tengamos en cuenta que era un ser mítico, Orfeo en este caso, por lo que su entrada en escena debía estar en consonancia con su alto estatus).

MARCIAL, *Spect.*, 21.6: «Y sobre el vate planeaban muchas aves».

Es decir, suponemos que al salir 'Orfeo' se soltaron a la vez aves, que habrían sido amaestradas para revolotear sobre él, destacando así su persona.

Una vez había quedado montada por tanto la escena, daba inicio la representación del mito: en este caso 'Orfeo' comenzaría a tocar la lira, con todos esos animales a su alrededor, sin que ninguno le atacase, por lo que en efecto daría la impresión de que los amansaba con su melodía.

No obstante, se trataba de una ejecución, por lo que tarde o temprano los acontecimientos debían dar un giro hacia el letal desenlace. Todo el mundo estaba esperando eso, y discutiendo y apostando entre ellos cómo y cuándo se desataría el final y cuál sería el agente causante de la muerte (al igual que el lector estará ahora mismo haciendo su predicción)... Rodeado de animales, muchos de ellos fieras, no parece muy difícil suponer que alguno de ellos se lanzaría en algún momento contra el tañedor de lira.

No obstante, eso era —como decimos— demasiado evidente, la tarea del director de escena era sorprender a la audiencia, por lo que se requería algo más sofisticado.

MARCIAL, *Spect.*, 21b.1-2: «La tierra se abre de pronto y surge una osa que va a devorar a Orfeo».

Es decir, se abre una de las trampillas que comunicaban la arena con el *hypogeum*[25] y de ella sale una osa, la encargada de dar el giro a la representación. En ese momento el mito

---

25 Subterráneo bajo la tarima de madera que constituía la arena. El término *hypogeum* deriva del griego ὑπόγειον (ὑπό=sub, debajo + γειον=tierra).

llega a su fin (Orfeo ya no encandila a todos los animales, no a la osa) y comienza la ejecución (Orfeo deja de ser Orfeo y vuelve a convertirse en el condenado, todo vuelve a la realidad). La burla y la ironía son evidentes, pues encontrándose rodeado de animales, y ante el ataque de la osa, ese es el momento más inoportuno para dejar de ser Orfeo, para dejar de tener el poder de amansar a los animales con la lira.

El giro que dan los acontecimientos (el cambio de rol del protagonista) es tan súbito como brutal, para causar así un mayor impacto en los espectadores.

> MARCIAL, *Spect.*, 21.7-8: «quedó despedazado por un ingrato oso, esto es lo único que ocurrió en contra de la historia».

Efectivamente, como señala Marcial, todo se representó de acuerdo al mito, salvo el final (el Orfeo mitológico no murió devorado por una fiera).

La tercera (y última) ejecución mitológica que Marcial incluye en el *Liber spectaculorum* fue la que recreaba el mito de Leandro: Leandro cruzaba a nado cada noche el Helesponto para llegar hasta su amada, Hero, la cual le indicaba el rumbo correcto encendiendo una lámpara en la torre en la que vivía. Sin embargo, una noche el mar se embraveció y Leandro murió ahogado.

Como puede verse, el mito era perfecto para lucir todas las prestaciones que poseía el anfiteatro que se estaba inaugurando (el Coliseo), pues requería inundar la arena (una prestación que admiraban mucho en un anfiteatro) y realizar la representación por la noche (para que se apreciase en toda su belleza la lámpara de Hero, siendo los espectáculos nocturnos muy bien acogidos por los romanos, pues mostraban un gran despliegue de medios, pues había que encender muchísimas antorchas para iluminar la arena, las gradas y los corredores). Además, aparte de la exhibición técnica, había que tener en cuenta la belleza estética propia de un espectáculo nocturno a la luz de las antorchas, y el hecho innegable de que una representación de tema acuático era el número ideal para amenizar una calurosa noche de verano en Roma.

Teniendo todo eso en cuenta, sin duda el director de escena se percataría de que esa ejecución podía ser uno de los platos fuertes de la inauguración, por lo que habría tratado de realzarla y embellecerla mediante todos los medios a su alcance: podemos imaginar que la orquesta (siempre había una en los anfiteatros) ambientaría la representación, tocando melodías amorosas mientras todo iba bien y cambiando a acordes dramáticos cuando se produjese el giro a peor. Igualmente, para que el agua que inundaba la arena representase más fielmente al mar, se habría echado en ella animales acuáticos de todas clases (algo que ya hizo Nerón en sus *naumachiae*), animales entre los cuales nadaría el improvisado Leandro.

Recreada por tanto la manera en que debió de montarse el escenario, veamos ahora cómo entró en escena el protagonista.

> MARCIAL, *Spect.*, 25b: «Cuando iba el audaz Leandro a sus dulces amores y, cansado, se vio ya apurado por las crecidas aguas, así imploró el miserable a las amenazantes olas "Perdonadme mientras voy, hundidme cuando vuelva"».

El desarrollo de la acción queda claro por el relato de Marcial: Leandro aparecía en un extremo de la arena (podemos imaginar que en el borde del muro que la delimitaba [muro *podium*], desde el cual se zambulliría en el agua) y comenzaría a nadar hacia «sus amores» (probablemente en medio de la arena inundada habrían instalado una torreta que sobresalía del agua y sobre la cual una improvisada Hero —su amor— le esperaba con una lámpara).

La arena del Coliseo mide 76 m en su eje mayor, por lo que Leandro tendría que nadar unos 38 m hasta la torreta.

En algún momento de esa travesía a nado 'Leandro' exclamó lo que refiere Marcial, «Perdonadme mientras voy, hundidme cuando vuelva» (suponemos que el nadador haría una pausa en su nado para poder declamar con más fuerza esas palabras y que pudieran oírse en las gradas… al menos en las primeras filas, aunque quizá no las pronunciase él, sino los *praecones* [pregoneros] que había en la grada). El significado de la oración es claro, y burlesco (ya hemos visto que lo cómico era elemento esencial en las ejecuciones mitológicas): 'Leandro' pide a las olas que, ya que a ellas les da igual ahogarle en el trayecto de ida que en el de vuelta, si es posible él prefiere que sea en el de vuelta, porque así por lo menos morirá después de haberse llevado la satisfacción de haber estado con Hero.

Realizada por tanto su proclama, 'Leandro' continuaría su nado hasta llegar a la torreta, a la cual le ayudaría a subir 'Hero'. Una vez ambos en la torre (que suponemos estaría adecuadamente decorada con un lecho), la pareja representaría sus amores (con todo realismo, como sabemos por obras similares del teatro romano).

Como vemos, esto ya se desvía del mito original (el verdadero Leandro nunca alcanza su destino en su último viaje), pero parece —por lo que dice Marcial— que en efecto 'Leandro' llegó hasta su amada.

Una vez concluido el amoroso encuentro, 'Leandro' debía zambullirse de nuevo en el agua, para emprender su camino de vuelta, durante el cual debía —evidentemente— producirse el fatal desenlace. El agente causante de la muerte en este caso debían ser las olas (según el mito y lo que dice Marcial), pero evidentemente no podían crear en la arena inundada del Coliseo un oleaje lo suficientemente fuerte como para ahogar a un nadador. Además, eso era lo que todo el mundo hubiese esperado, lo obvio, así que probablemente la muerte la causaría algún animal acuático (*e.g.* cocodrilo) que habrían echado al agua mientras 'Leandro' gozaba con su amada, lo que sería además una muerte mucho más entretenida de ver para el público (aunque en cierto modo también fiel al mito, pues cuando el cocodrilo atrapase a 'Leandro' lo arrastraría bajo la superficie del agua, dando así la impresión de que, efectivamente, se lo habían tragado las olas).

Así, mientras el nadador surcaba de nuevo el simulado mar de vuelta a su punto de partida, todo el mundo en las gradas estaría esperando que desapareciese bajo el agua de un momento a otro.

No obstante, para sorpresa de todos, el condenado llegó sano y salvo a su punto de partida. La razón fue sin duda que el animal (o animales) que debían haberle interceptado en su trayecto no lo hicieron, echando a perder por tanto el final de la ejecución (los animales eran impredecibles, negándose a menudo a actuar como se esperaba de ellos en un determinado número).

Sin embargo, el público parece que se puso del lado del condenado, pues este se había ganado su simpatía al superar todas las dificultadas que le habían puesto en su representación. Tras todo eso el público pensó que el condenado bien merecía un indulto, por lo que Tito no tuvo más remedio que concederlo (para no ganarse la antipatía de la gente).

Marcial lo expresa del siguiente modo, ofreciendo un ejemplo perfecto de cómo presentar un fallo de programa como un acierto (el desenlace fallido lo presenta como una muestra de la gracia del emperador... no es que hayan sido incapaces de ejecutar al condenado, es que el emperador ha decidido perdonarle).

MARCIAL, *Spect.*, 25: «De que la ola nocturna te haya perdonado, Leandro, deja de maravillarte: era una ola de césar».

Es decir, no te sorprendas 'Leandro' por haber salvado la vida: la ola, como todo el espectáculo, es de césar, y como su gracia no tiene límites, no es por tanto extraño que haya decidido concedértela (como vemos, por lo que dice Marcial, el propio condenado debió de ser el mayor sorprendido de

ver que llegaba vivo al final de su trayecto, contrariamente a
lo que decía el guión).

Debemos, no obstante, desconfiar de esa magnanimidad de Tito que proclama el texto, y creemos que probablemente tan pronto el condenado fue llevado fuera de la vista del público sería ajusticiado, pues al fin y al cabo esa era la condena que había sido dictada contra él. En el mejor de los casos habría sido reservado para una futura ejecución, a celebrar otro día.

Vistos por tanto estos ejemplos de ejecuciones mitológicas, podemos entender la gran popularidad que adquirieron entre el público, popularidad que se debía principalmente a las siguientes razones:

1. Narraban historias que todo el mundo conocía, por lo que los espectadores disfrutaban viéndolas representadas y comparando si en la arena se contaban tal y como ellos las conocían (con todos los detalles) o bien realizando algunas modificaciones (*e.g.* ya hemos visto que a Leandro se le permite llegar hasta su amada, en contra de lo que decía el mito, claramente para ofrecer un entretenimiento más al público [el encuentro amoroso de ambos]).

2. Hacían 'realidad' lo que hasta entonces solo eran mitos, permitían ver lo que hasta entonces solo había podido imaginarse, o, en palabras de Marcial (*Spect.*, 5), «*Quidquid fama canit, praestat harena tibi*» (lo que quiera que la fama canta, la arena te lo muestra). En esencia, el anfiteatro era un gran estudio de efectos especiales donde recreaban escenarios y decorados para dar la mayor veracidad a los espectáculos que mostraban, lo que unido al absoluto desprecio que sentían por la vida de los condenados a muerte permitía recrear esos mitos con todo realismo (a lo vivo, sin trampa ni cartón).

3. En algún momento debía producirse el giro (en la trama) que llevaba al condenado a la muerte, lo cual resultaba muy entretenido para los espectadores porque disfrutaban tratando de adivinar en qué momento de la representación las cosas se torcerían, y cómo, y cuál sería el agente causante de la muerte (lo mismo que hacemos nosotros hoy cuando vemos una peli de terror: sabemos que los personajes van a morir, y tratamos de adivinar cuándo y cómo).

4. Presentaban de manera realmente atractiva para el gusto de la época la mezcla de comicidad y crueldad que tanto les gustaba (que estaba presente, por ejemplo, en las luchas de los gladiadores *andabatae* [que combatían con los ojos vendados], y que se muestra tan claramente en la ejecución de «Orfeo», que muere despedazado por un oso cuando se suponía que amansaba a las fieras).

En definitiva, las ejecuciones mitológicas que se mostraron durante la inauguración del Coliseo agradaron tanto al público que tal espectáculo se convirtió en número obligado en cualquier *munus* que se preciase de distinguido de ahí en adelante. Así, Marcial (*Epigram.*, 8.30) cuenta cómo en el año 93 pudo verse sobre la arena a un condenado que «voluntariamente» se dejaba quemar su mano derecha en las llamas (recreando lo que según la leyenda había hecho *Gaius Mucius Scaevola* en 508 aC), y Tertuliano (*Apologeticum*, 15.5 y *Ad nat.* 1.10.47) da fe hacia el año 200 de que sobre la arena había condenados que se castraban a sí mismos (como hizo Atis) o que se prendían fuego (recreando la muerte de Hércules).

[Sobre el resto de espectáculos que se ofrecieron en la inauguración del Coliseo, ver mi libro *Gladiadores*, capítulo 8.5].

«Gladiadores famosos … pero de esos que tras muchas palmas e innumerables victorias en este oficio de las luchas mueren por una espada amenazante con el aplauso enorme y el favor del público»

«gladiatores famosi … , sed qui post multas palmas innumerabilesque victorias in isto pugnarum studio minaci gladio cum magno spectantium plausu ac favore moriantur»

Fírmico Materno, *Mathesis*, 8.7.5

13. La genialidad de *Astyanax* y la valentía de *Kalendio*

Año: hacia el 310 (1063 de la fundación de Roma)
Lugar: Coliseo
Tipo de espectáculo: *gladiatura*

Arena del Coliseo, hacia principios del siglo IV. Sobre un charco de sangre yace degollado el cuerpo de *Kalendio*. Los espectadores aún no se creen lo que acaban de ver… *Kalendio* tenía el combate ganado, o así lo parecía, y sin embargo ahí yace ahora con la garganta abierta.

Ante el cadáver, *Astyanax* alza su brazo derecho, victorioso. No obstante, un sudor frío le cae aún por la frente… en un momento se vio vencido, estuvo a punto de perder.

En las gradas los espectadores se miran con asombro, reproduciendo con gestos el movimiento genial con el que *Astyanax* le dio la vuelta a la situación. Algunos todavía tienen las manos en la cabeza, incrédulos, y sonríen… se sienten afortunados de haber podido ver eso. Es el tipo de genialidad que solo se ve una vez cada mucho tiempo. Ha sido solo un instante, un momento fugaz, pero solo eso ya vale la pena por todas las horas y todos los días que han pasado ahí sentados, sobre el mármol blanco de las gradas del Coliseo. Mañana toda Roma hablará de eso, en un una semana toda Italia habrá oído la historia. En un mes, hasta los tatuados bárbaros de Caledonia y los partos de trenzados cabellos habrán escuchado los nombres de *Astyanax* y *Kalendio*.

Pero no solo serán las fronteras del espacio las que supere la fama de estos dos hombres. Mientras observa a *Astyanax* dar la vuelta de honor a la arena y cómo el cadáver de *Kalendio* es retirado en una litera, un espectador reflexiona sobre lo mucho que le ha gustado ese combate, tanto, piensa, que desea tener un recuerdo permanente.

Esa noche, ya en su hogar a las afueras de Roma, junto a la *via Appia*, ese espectador mandará a su esclavo de confianza dar aviso a un artista amigo suyo, para que en unos días le haga en el salón principal de casa un mosaico que reproduzca el combate.

Gracias a que ese espectador tomó dicha decisión, hoy podemos nosotros, siglos después, ver ese mismo combate que dejó con la boca abierta a quienes se sentaron en las gradas del Coliseo aquella tarde.

El mosaico lo encontramos hoy en el Museo Arqueológico Nacional de Madrid, y es conocido popularmente por el nombre de «mosaico de *Astyanax* y *Kalendio*» (hay varias fotos de alta definición en internet, fácilmente accesibles poniendo ese nombre en el buscador, y también lo reproduce la foto 51 de mi libro *Gladiadores*).

Como vemos, el mosaico muestra dos escenas. La inferior es la primera cronológicamente (es decir, el mosaico se lee de abajo a arriba). En la escena de abajo (la primera) vemos (de izquierda a derecha) un *secutor*, un *retiarius* y el *summa rudis* (árbitro principal). El nombre de cada gladiador está sobre su cabeza, de manera que *Astyanax* es el *secutor* y *Kalendio* el *retiarius*. Esta primera escena nos muestra que el *retiarius* ha lanzado la red sobre *Astyanax* y ha logrado atraparlo en ella. Esto solía ser decisivo, significando prácticamente la victoria del *retiarius*. No obstante, en la segunda escena (la superior), vemos que el *retiarius* yace sentado sobre un charco de su propia sangre, vencido.

¿Cómo pudo ocurrir eso? ¿Cómo fue posible que el *retiarius Kalendio*, que tenía el combate ganado, terminase perdiéndolo? ¿Cuál fue la genialidad asombrosa que realizó el *secutor* para darle la vuelta a la situación, genialidad que tanto asombró a quienes la vieron que uno de ellos ordenó hacer ese mosaico? Como vemos, el mosaico no muestra ese momento específico, pero porque no era necesario, pues los espectadores de la época sabían interpretar perfectamente las dos escenas que se muestran, no era necesario nada más (siendo buenos conocedores de la gladiatura, sabían perfectamente lo que había ocurrido).

Y lo que había ocurrido, lo que pasmó al Coliseo, no ocurre entre las dos escenas representadas, sino que en realidad ya había ocurrido antes de la primera escena: si nos fijamos bien, cuando estamos ante el mosaico en el museo, o mejor ante una foto de alta definición (pues el mosaico original es muy pequeño, 58x58 cm), observaremos que en la primera escena la punta de la espada del *secutor* ya está manchada de sangre… es decir, el golpe fatal ya se lo ha dado al *retiarius*. Debemos por tanto retroceder en el tiempo hasta los instantes previos a la primera escena, al momento en que el *retiarius* aún no ha lanzado la red.

Lanzar la red era un momento crítico para el *retiarius*, pues esta era la principal arma con la que contaba: un *retiarius* sin red tenía pocas opciones de vencer. Por ello, para evitar perder la red en caso de no acertar con el lanzamiento, los *retiarii* llevaban el extremo de la red atado a un hilo (*spira*) que iba enlazado a su vez a la muñeca, por lo que si la red no caía sobre su objetivo podían recuperarla tirando del hilo. Esto no es lo que ocurre en nuestro combate, pues la red cae sobre el *secutor*. Pero que la red cayera sobre el *secu-*

tor tampoco estaba exento de peligro, pues en esos primeros instantes tras la caída de la red el *secutor* podía tirar de la red hacia sí mismo para (aprovechando que el *retiarius* estaba atado a la red) atraer así al *retiarius* hacia él, hacia su escudo, y una vez ahí clavarle la espada. Para evitar eso, el *retiarius* tenía que ser aún más rápido que el *secutor*, por lo que tan pronto veía que su rival había quedado atrapado debía sacar la muñeca de la lazada del hilo, o cortar este (con el puñal que llevaban los *retiarii*). Esto es lo que no habría logrado hacer a tiempo el *retiarius Kalendio*, pues el *secutor Astyanax* se habría anticipado a él, y con rapidez que habría fascinado al Coliseo habría tirado de la red hacia sí, arrastrando al *retiarius* contra su escudo, y una vez ahí, al alcance de su espada, le habría hundido esta una o varias veces, tantas como le diera tiempo antes de que el *retiarius* lograra soltar/cortar el hilo y separarse de nuevo del *secutor*. Hay que decir que esta acción requería mucha valentía y sangre fría por parte del *secutor*, pues atraer contra uno mismo a un rival armado era muy arriesgado, más aún encontrándose uno entorpecido por la red. Esta valentía del *secutor*, y su audacia al culminar bien su jugada, es lo que fascinó a los espectadores.

Llegamos así a la primera escena del mosaico (la de abajo). El hilo aparece en efecto cortado (muñeca izquierda del *retiarius*), pero aunque ambos gladiadores están separados la sangre en la punta de la espada del *secutor* delata el letal abrazo que ha ocurrido antes. Es más, vemos que los dientes del tridente han quedado enredados en la red durante el abrazo, y que el *retiarius* no ha logrado desenredarlos todavía.

Gravemente herido, el *retiarius* cae sobre la arena (escena de arriba). Viendo que ya no tiene nada que hacer, tira el tridente al suelo y levanta el brazo para, extendiendo el dedo índice, pedir la *missio*. Esta le es denegada, condenándosele a *iugula*. Entonces (momento exacto reflejado por la escena superior), los dos árbitros hacen con la mano (extendida) la señal de que se ejecute el veredicto. El *secutor* avanza para hacerlo con su espada, pero el derrotado *retiarius* decide

morir heroicamente, y en un gesto propio de los gladiadores, mostrando que desprecia la muerte y que no la teme, le
alarga al *secutor* su propio puñal, para que lo degüelle con
él, cosa que sin duda hizo el *secutor*, pues el signo Ø junto
al nombre del *retiarius* significa que murió. Semejante desplante del *retiarius Kalendio* también causó sensación entre
la gente, y es la otra razón que hizo que alguien decidiese
que se realizara este mosaico, para preservar la memoria de
ambos, pues ciertamente ambos lo merecían, ambos fueron
heroicos, *Astyanax* en la victoria y *Kalendio* en la derrota.

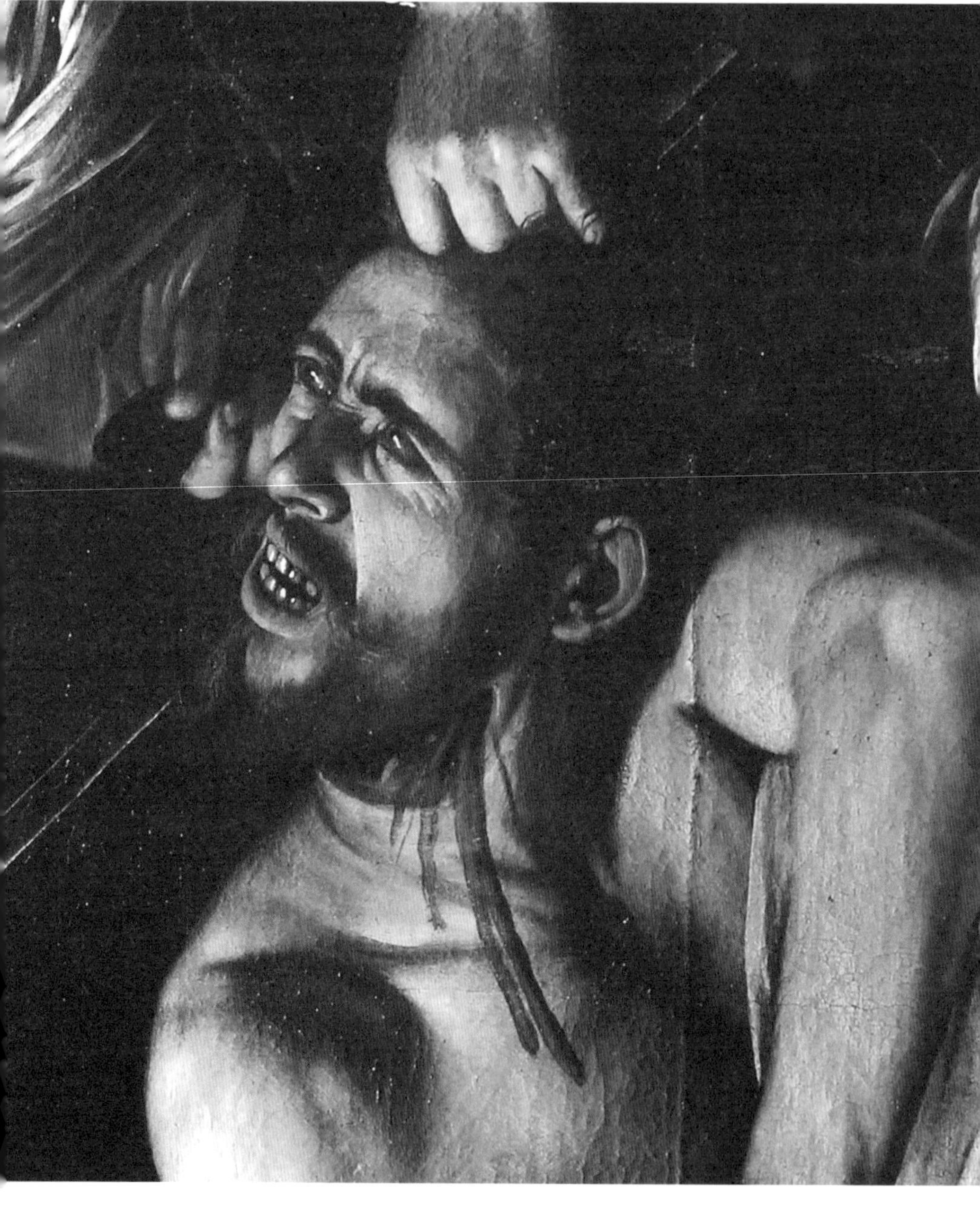

«arena terrible»

«extrema ... harena»

Horacio, *Epistulae*, 1.1.6

14. Los vampiros de los anfiteatros

Año: desde el siglo III aC hasta el 438, aproximadamente
Lugar: todo el imperio
Tipo de espectáculo: *gladiatura*

Tan pronto un gladiador caía muerto a la arena tras ser degollado, por haber recibido el veredicto de *iugula,* varias personas se abalanzaban sobre su garganta abierta y comenzaban a chuparle la sangre.

La escena puede parecernos imposible, incluso pese a tener en cuenta que ocurría en el anfiteatro, donde sabemos que casi todo era posible. No obstante, son varias las fuentes de la época que confirman que en efecto sucedía eso, explicando que la razón era bien sencilla.

> AULO CORNELIO CELSO, *De re medica,* 3.23.7: «Algunos al beber la sangre caliente de un gladiador degollado se han curado de tal enfermedad. Miserable remedio que solo una enfermedad aún más miserable hace tolerable a quienes lo practican».

135

La enfermedad a la que se refiere Aulo Cornelio Celso, autor del siglo I (murió hacia el año 50), es la epilepsia, en latín *morbus comitialis* (enfermedad de la asamblea), llamada así porque si alguien sufría un ataque de epilepsia en cualquier asamblea o reunión pública, esta se interrumpía de inmediato, pues se consideraba un mal augurio. Como señala Celso, con bastante comprensión por los afectados, el motivo de que realizasen tan execrable conducta (beber sangre humana) se debía a la desesperación que les causaba tan terrible enfermedad, que les llevaba a probar cualquier remedio que se creyera que podía curarla. Si ya de por sí la epilepsia es una enfermedad dura de llevar, imaginemos en aquella época, sin tratamientos adecuados y con el rechazo y estigma de toda una sociedad que era supersticiosa al máximo.

¿Y por qué creían que la sangre de los gladiadores curaba la epilepsia?

Sencillo. Pensaban que en la sangre iba la esencia de la persona, y como veían en los gladiadores a los paradigmas de la fuerza, la valentía y la virilidad, creían que todas esas cualidades pasaban a quien bebía su sangre (básicamente pensaban que la epilepsia se debía en última instancia, como muchas otras enfermedades, a una falta de coraje y virilidad [sobre el resto de enfermedades para las cuales tomaban sangre de gladiador, ver mi libro *Gladiadores*, capítulo 4.2.1]).

También Plinio aborda el tema.

> PLINIO, *NH*, 28.2.4: «Los enfermos de epilepsia beben incluso la sangre de los gladiadores, como si estos fueran copas vivientes, cosa que nos horroriza incluso cuando vemos que lo hacen las fieras en la arena. Pero estas personas creen que es un remedio eficacísimo sorber la sangre caliente directamente del hombre en cuestión, y así chupan de la herida, absorbiendo la propia vida, y todo ello pese a que se considera un acto de impiedad aplicar los labios humanos incluso a la herida de una fiera».

Plinio, en ese fragmento de su *Naturalis historia*, escrita en 77, vuelve a insistir en lo repulsiva que resultaba para los romanos esa costumbre de los epilépticos de beber sangre humana, pues la veían como canibalismo, un crimen de los más condenables para ellos.

Pese a semejantes críticas, la costumbre se mantuvo durante toda la historia de la gladiatura, hasta la desaparición de la misma en el siglo V, como atestigua Celio Aureliano, médico que vivió en ese siglo.

> CELIO AURELIANO, *De morbis acutis*, libro I, capítulo *de epilepsia*: «Gladiador degollado, el que estaba muerto y apuñalado. Alguno con su sangre bañaba su mano o se hacía el signo de la victoria o se quedaba inmóvil e impávido porque estaba habituado a derramar sangre de hombres. Quien verdaderamente sufría de epilepsia (*caduco morbo**) además sorbía la cálida sangre que manaba de la herida, como remedio excelente a sus males».

> * Celio usa el término *morbus caduco* (enfermedad que cae, o de la caída), que era el otro nombre que recibía la enfermedad, especialmente en esa época tardía.[26]

De hecho, la cantidad de epilépticos demandando sangre de gladiador parece que era superior a la de gladiadores degollados (ya hemos dicho que los gladiadores que morían eran una minoría), por lo que según Tertuliano —en fragmento escrito hacia el año 200— los epilépticos también se lanzaban a la arena a sorber la sangre de los *noxii* (condenados) degollados en los *ludi meridiani* (ya vimos que era por degollación como se remataba a *noxii* y *damnati*, caso de Perpetua [cap.18]).

---

26 Y ese es el término (*morbo caduco*) que se usará en castellano durante la Edad Media para referirse a la epilepsia.

TERTULIANO, *Apologeticum*, 9.11: «… aquellos que en el *munus* beben con sed ávida la sangre fresca que fluye del cuello de los *noxii* degollados en la arena, como cura para la epilepsia».

No obstante, los *noxii* (condenados a morir por las fieras o mediante ejecuciones mitológicas) eran lo más bajo de la arena, inferiores incluso en estatus a los *damnati* (a quienes al menos se les daba la gracia de morir por la espada, *damnati ad gladium*, o defendiéndose con un arma de las fieras, *damnati ad bestias*). Ya que un *noxius* no poseía ninguna cualidad, desde luego ninguna de las de los gladiadores, podemos preguntarnos por qué pensaban que beber la sangre de esos miserables podía servir para curar la epilepsia. Salvo que el motivo esté relacionado con el hecho de morir en la arena, espacio común en el que también morían los gladiadores, o con que en ocasiones era un gladiador esclavo quien mataba al *noxius*, no encontramos ningún motivo válido, y debemos incluso sugerir que quizá se trata de otro caso de uso incorrecto de terminología tan típico de Tertuliano: quizá usa el término *noxii* en forma despectiva para referirse a los gladiadores, al igual que en otros fragmentos los llama *harenarii* (*De spectaculis*, 22.2).

«Porque continuar con la vida que llevas hasta ahora, en
la que te despedazan e insultan, es de insensatos, como los
venatores que están medio devorados y cubiertos de heridas,
sangre y polvo, pese a lo cual piden que los sigan sacando
a luchar al día siguiente, con lo que vuelven a arrojarse en
el mismo estado a las mismas garras y mordeduras»

Marco Aurelio, *Meditaciones*, 10.8

15. Matar osos de un puñetazo en la cabeza

Año: desde el siglo II aC hasta el año 476

Lugar: todo el imperio

Tipo de espectáculo: *venatio*

Una de las atracciones que podían verse durante las *venationes* era a un oso boxeando con un hombre. La escena la reproduce el relieve del siglo I-II hallado en Obzor (foto 135 de mi libro *Gladiadores*)[27], en el que vemos a un oso que erguido sobre sus dos patas traseras se abalanza sobre un hombre que lleva los brazos cubiertos de tiras de cuero y los puños envueltos en una especie de guante. El boxeo o pugilato era llamado por los romanos *pugillatus*, y se practicaba cubriendo los nudillos y el puño con una especie de cesto

---

27 También aparece en un relieve de Nisa (Turquía), también del siglo II-III.

de bronce (*caestus*), que se fijaba al puño mediante tiras de cuero (*fasciae*) que se enrollaban alrededor de la mano y el antebrazo. Esto es la especie de guante que vemos en el hombre del relieve de Obzor, lo que prueba que el individuo es un púgil. Las *fasciae* que presenta alrededor del brazo y hasta el hombro (tan arriba) no son un elemento propio del pugilato romano, sino una adaptación específica para el pugilato contra osos, pues al intercambiar los puñetazos con el animal, las zarpas de este causarían arañazos en los brazos del hombre, para evitar lo cual estos iban protegidos por *fasciae* (aunque el oso sin duda llevaba las zarpas limadas cuando participaba en estos combates, y más frecuentemente se las arrancaban).

¿Y quién ganaba? ¿El oso o el hombre?

El pugilato romano era un deporte brutal (a juicio de los contemporáneos el más duro de todos los deportes, incluido el bestial pancracio, en el que valía todo), pues los púgiles se dedicaban a golpearse la cabeza con esos guantes de bronce, buscando así dejar KO al rival lo antes posible (cosa que solía ocurrir al primer golpe, y Virgilio tiene un fragmento [*Aeneidis*, 5.410-413] donde habla de sesos pegados en el *caestus*, cosa que también sería frecuente). Por tanto, los púgiles romanos eran tíos muy duros (mucho más que los gladiadores) y de un aguante bestial más allá de lo humano. Igualmente, en el pugilato romano no existían categorías de peso (como tampoco las había en ningún otro deporte antiguo, incluido la gladiatura), por lo que los púgiles eran hombres enormes y tan fuertes y musculosos como era posible. Es decir, debemos pensar en hombres de más de cien kilos (como confirman las fuentes visuales).

Considerando todo esto, y que golpeaban con el puño envuelta en bronce, no puede sorprendernos que, como atestigua Plinio, el púgil soliese, con un solo puñetazo, matar al oso.

PLINIO, *NH*, 8.54.130: «El cráneo del oso es muy débil …
a menudo en la arena se lo rompen de un puñetazo, que-
dando muerto».

Sin duda, teniendo en cuenta el concepto de espectáculo
que tenían los romanos, y la esencia del pugilato, lo que más
se valoraría en esos combates sería que el hombre matase
al oso con el primer golpe, siendo esto lo que buscaría ante
todo el púgil (recibiría una recompensa más alta que si lo
mataba con varios golpes, o si solo lo vencía sin matarlo).

«la gloria terrena tiene tanto poder sobre el cuerpo y
el alma que la espada, el fuego, la cruz, las bestias
las torturas son despreciadas por [lograr] el premio del elogio humano»

*«tantum terrenae gloriae licet de corporis et animae vigore, ut gladium,
ignem, crucem, bestias, tormenta contemnat sub praemio laudis humanae»*

Tertuliano, *Ad martyres*, 4.9

16. ¿Que no tienes valor para cortarme el cuello? No te preocupes, yo te ayudo

Año: del siglo III aC hasta el año 438
Lugar: anfiteatros de todo el imperio
Tipo de espectáculo: *gladiatura*

Cuando un gladiador era derrotado y recibía el veredicto de *iugula* adoptaba la posición típica para ello, llamada de *recipere ferrum* (recibir el hierro), que conocemos por varias representaciones visuales (pinturas, etc. [foto 66 de mi libro *Gladiadores*]). En esencia, el vencido se ponía de rodillas (o al menos con una rodilla en tierra) frente al vencedor, agarraba con la mano izquierda la pierna más cercana del vencedor y mostraba a este la garganta. Este gesto de agarrarse a la pierna del vencedor lo realizaba el vencido para no moverse cuando el vencedor le clavase la espada (generalmente en la garganta), de manera que la hoja entrara fácilmente y el tajo fuese limpio, lo que causaba una muerte rápida.

El vencedor, a su vez, preocupado también por dar un tajo limpio y una muerte rápida a su colega de profesión, a menudo también su compañero de *ludus* y amigo, sujetaba firmemente con su mano libre el yelmo del vencido, para que no moviese la cabeza y por tanto tampoco el cuello cuando le metiese por ahí la hoja, golpe que ejecutaba con la otra mano.

Puede parecernos impresionante que el vencido tuviese la sangre fría de actuar de esa manera esperando el golpe del vencedor, pero en efecto son numerosas las fuentes que atestiguan que ciertamente actuaban así.

> SÉNECA, *De tranquillitate animi*, 11.5: «*qui ferrum non subducta cervice nec manibus oppositis, sed animose recipis*».
> [tú] que no apartas el cuello ni opones las manos, sino que valerosamente recibes el hierro.

De hecho, como decíamos en el prólogo, ese era el comportamiento que más admiraban los espectadores en los gladiadores, pues mostraba la actitud más loable que podía tenerse frente a la muerte desde el punto de vista romano: no mostrar miedo (algo deshonroso), sino que ese gladiador voluntariamente aceptaba la muerte, sin moverse ni un pelo… y eso incluía no estremecerse cuando la hoja entraba en la carne, o en los estertores finales, para que no pudieran interpretarse esos movimientos como miedo, razón por la cual se mantenían agarrados a la pierna del vencedor hasta el final. Un gladiador debía mostrarse heroico ante la muerte hasta el último instante, para enseñar a todos cómo había que morir, cómo moría un gladiador.

En ese sentido podemos decir que el gladiador muerto, el que moría mostrando esa actitud, era el verdadero héroe del combate, por encima incluso del vencedor, pues este solo había vencido a un hombre, pero el derrotado había vencido a la muerte, al miedo a la muerte, un rival mucho más temible. Esto explica las muchas líneas escritas por autores como Cicerón o Séneca alabando la forma de morir de los gladiadores (y la poca atención que dedican en comparación a los gladiadores vencedores).

Pero en el mundo de la gladiatura y el anfiteatro siempre podía darse un giro de tuerca más, y si escalofriante nos parece la posición típica de recibir la muerte, hay fuentes que dan fe de que algunos gladiadores fueron aún más lejos.

Por ejemplo, un fragmento escrito, como no, por Séneca, nos dice que si la espada del vencedor temblaba (por cansancio o indecisión) el vencido la cogía y la colocaba justo sobre su garganta.

> SÉNECA, *Epist.*, 30.8: «*iugulum adversario praestat et errantem gladium sibi attemperat*».
> la garganta presenta al adversario y la errante espada él mismo fija [sobre el cuello]

El mango de una navaja de la segunda mitad del siglo III (foto 86 de mi libro *Gladiadores*) ilustra esta acción, pues muestra cómo un *retiarius* vencido agarra con su mano izquierda la mano del vencedor que empuña la daga, y la dirige hacia su cuello. Con la mano derecha el *retiarius* aferra la cresta del yelmo del *secutor*, para poder apoyarse ahí y aguantar la entrada de la hoja en la garganta.

Actuar así era mostrar un punto más de valentía, pues no era ya solo mantenerse inmóvil ante la daga del rival, sino tomar incluso la iniciativa y, cogiendo su mano armada, ponerse la hoja en el cuello (y suponemos que no iban más lejos, hasta el punto de clavarse la daga, porque eso era suicidio, que en ese contexto no era aceptable y habría echado a perder la estampa final [matar al vencido era tarea del vencedor, que al hacerlo mostraba tener el valor suficiente como para matar a otro hombre a sangre fría, cualidad esencial en un gladiador, pero que no todos los que querían serlo poseían]).

Ese comportamiento debía de ser tan común que lo copiaban también otros que no eran gladiadores, como Perpetua, una condenada de los *ludi meridiani* (cap. 18).

El rinoceronte de dos cuernos que luchó en el Coliseo.
Moneda (*quadrans*) acuñada por Domiciano (*c.* 83-85).

17. El rinoceronte de dos cuernos: el destructor de bestias

Año: 80 (833 de la fundación de Roma)
Lugar: Coliseo
Tipo de espectáculo: *venatio*

Con la inauguración del Coliseo (año 80, de junio a septiembre, cien días) Tito quería impresionar al pueblo de Roma, y a todo el imperio, y para ello quiso traer a la bestia más imponente que jamás se hubiese visto. Antes ya se habían exhibido unicornios (rinocerontes indios, cap. 11), pero sus destacamentos en Egipto le habían dicho que en Etiopía había rinocerontes de dos cuernos, y que a diferencia de los unicornios de la India, estos tenían peor carácter, lo que presagiaba que en la arena ofrecerían combates épicos.

No había más que decir, Tito ordenó traer la bestia a Roma (para Tito no había nada imposible: más difícil había parecido diez años antes tomar Jerusalén, y él lo logró, a base de crucificar a 500 judíos cada día frente a las murallas de la ciudad, hasta que esta, desmoralizada, se rindió [durante los

5 meses de asedio había crucificado a casi 76.000 judíos…
no quedaban árboles para hacer cruces ni sitio para poner
estas, según Josefo).

Se dispuso así todo para capturar a un 'buey etíope' (*bos
aethiopicus*), y tras muchos esfuerzos se logró, y tras esfuerzos
aún mayores consiguieron embarcar la bestia hasta Roma.

La parte más alta del animal, la giba, superaba la altura de
las puertas, el cuerno delantero medía más que un hombre,
y era gigantesco (las fuentes visuales que retratan ese rinoceronte de Tito muestran que era un rinoceronte blanco[28],
cuyas medidas son 2 m hasta la giba, 1.66 m su cuerno delantero y hasta 3.600-4.000 k de peso… como cuatro bueyes, u
ocho toros).

Un monstruo sin duda fabuloso, y que efectivamente tenía
muy mal carácter.

El pueblo iba a quedar impresionado.

Y así fue: de todas las 'estrellas' (o personajes) que inter-
vinieron en la inauguración del Coliseo (gladiadores, fieras
o condenados), al que más epigramas dedicó Marcial en su
Liber spectaculorum fue al rinoceronte, cuatro (a los gladiadores solo les dedicó dos, al igual que al condenado Leandro
[cap.12]).

Sin duda, ver entrar a un rinoceronte en la arena del
Coliseo impactó a todos, convirtiéndose en la estrella de esos
cien días de juegos.

La impresión que el monstruo causó en Marcial, Tito, y en
todos los que lo vieron, quedó aumentada porque ninguno

---

28 Esas fuentes muestran una gran separación entre el cuerno
posterior y las orejas, rasgo típico del rinoceronte blanco (en
el rinoceronte negro, la otra especie de rinoceronte con dos
cuernos, esa separación es menor). Probablemente nunca se vio un
rinoceronte negro en Roma, pues su mal carácter constante haría
imposible su transporte durante la larga travesía en barco de Etiopía
hasta Egipto, y de ahí a Roma. Además, como el rinoceronte negro
es más pequeño (*i.e.* menos espectacular) que el blanco, nunca lo
elegirían para la arena. El rinoceronte blanco es el más grande de
las tres grandes especies de rinocerontes (blanco, negro e indio).

de ellos había visto antes semejante animal (hacía 72 años que un rinoceronte no pisaba Roma, desde que Augusto enfrentó a uno contra un elefante, que probablemente lo reventó, en el año 8).

Así, la novedad, junto al aspecto atroz de la bestia, y su fuerza y furia inmensas, turbaron a Marcial y al resto de espectadores del Coliseo.

> MARCIAL, *Spect.*, 9. «Exhibido por toda la arena, césar, un rinoceronte te ofreció un combate inesperado. ¡Oh, con qué ira tan terrible cargó con su morro bajo! ¡Qué grande era el toro (el rinoceronte) para el que un toro era un pelele!»

Lo del «combate inesperado» (*non promisit proelia*) significa que el rinoceronte inicialmente estaba tranquilo, no prometía ningún combate, así que solo lo exhibieron por la arena, paseándolo (ese comportamiento relajado es propio de un rinoceronte blanco, animal tranquilo si no se le provoca, a diferencia del rinoceronte negro, más nervioso y siempre agresivo).

Pero tras haberlo visto, soltaron un toro, para comprobar qué pasaba (el toro era el provocador universal, ya que embiste contra todo). Para pasmo de todos, la carga del toro provocó la misma respuesta en el rinoceronte (*exarsit ... in iras*), que se arrancó de pronto con la cabeza baja (*pronus*), y corneando hacia arriba al toro lo mandó por los aires, como si fuera un muñeco de paja (*pila*, los típicos peleles que en la arena ponían ante los toros para que los embistieran).

La última línea, donde Marcial llama al rinoceronte «toro» (*taurus*), es un juego de palabras basado en el nombre que los romanos daban al rinoceronte de dos cuernos, *bos aethiopicus* (buey etíope, también lo llamaban *bos aegyptius*, pues venía embarcado de Egipto), de ahí el juego de palabras «un toro derrotado por otro toro» o, más elaboradamente, «el muñeco es para el toro lo que el toro para el toro más grande (el etíope)... algo que puede lanzar al aire».

El segundo epigrama da más detalles sobre el rinoceronte y sobre cómo se realizaban los números con animales.

Vemos de nuevo al rinoceronte relajado y que es necesario otra vez provocarlo para que ataque, siendo ahora los cuidadores (*magistri*) quienes lo hacen. Esto muestra uno de los problemas recurrentes de los espectáculos con animales, especialmente con animales salvajes: difícilmente hacen lo que se espera que hagan. Como con este rinoceronte aquí, o como ya vimos al hablar de ejecuciones, los animales solían negarse a atacar. Para evitarlo, y para que el espectáculo continuara, los provocaban de varias formas: soltándoles otro animal (como el toro del anterior epigrama) o azuzándoles con lanzas o fuego. Aquí Marcial no da detalles, pero en *Spect.*, 19.1 dice «*flammis stimulatus*» (estimulado con llamas, con antorchas) y en *Spect.*,23.5 (el tercer epigrama dedicado al rinoceronte, que vemos abajo), cita explícitamente las lanzas. Así, podemos imaginar que fue con lanzas (pinchándole) como le provocaron en ese momento.

Pero pese a todos esos esfuerzos de los *magistri*, el carácter tranquilo del rinoceronte blanco prevaleció largo rato, lo que hizo al público abandonar toda esperanza de ver otra pelea (ahora «prometida» por la asombrosa hazaña anterior con el toro).

Finalmente, la furia del animal estalló de nuevo, siendo ahora la víctima un oso, al que el rinoceronte lanzó por los aires con sus dos cuernos (*cornu gemino*), siendo la primera vez que una fuente romana menciona dos cuernos al hablar de un rinoceronte.

El tercer epigrama narra cómo el rinoceronte derrotó a otros cinco animales.

MARCIAL, *Spect.*, 23: «[el rinoceronte] fácilmente levantó dos novillos con su cuello, al él se rindieron el atroz búfalo y el bisonte: un león que huía de él corriendo se precipitó contra las lanzas. Id ahora, chusma, y quejaos de las lentas esperas».

Sin duda el rinoceronte levantó dos novillos (*iuvencos*) —uno tras otro suponemos— con facilidad (*facili*), pues el rinoceronte blanco en estado salvaje puede levantar búfalos adultos (*Syncerus caffer caffer*), que pesan 1.000 k, más de tres veces el peso de un novillo de tres años.

Luego Marcial dice que el búfalo y el bisonte se rindieron (*cessit*) a él, esto es, huyeron de él (como efectivamente hace el búfalo en la sabana tras comprobar que no puede con el rinoceronte).

Finalmente un león también huyó de él (probablemente sin ni siquiera atreverse a acercarse, dado que los leones raramente atacan a los rinocerontes), y corriendo en su huída se precipitó (*praeceps*) contra las lanzas (*tela*) de los operarios (*magistri, harenarii*) que rodeaban la arena (para evitar que los animales rehuyeran la lucha y obligarles a atacarse).

El león murió ahí, ensartado contra las lanzas, pues Marcial no dice que volviese a atacar.

La última línea (Id ahora, chusma, y quejaos de las lentas esperas) es un reproche contra los espectadores relacionado con el epigrama anterior (22), donde esos mismos espectadores desesperaban (y se quejaban, según nos dice ahora) por el largo tiempo que tardaba en acumularse la ira del rinoceronte, pero que ahora se alegran porque han disfrutado del increíble espectáculo dado por esa misma bestia. El comentario de Marcial es una crítica clara a lo que obviamente era una actitud generalizada en las gradas del anfiteatro (y también del circo y del teatro) ante cualquier retraso imprevisto. La queja masiva del público manchó el impecable espectáculo que el emperador estaba intentando ofrecerles, y así Marcial, poniéndose del lado de su patrón, los censura por su impaciencia, por quejarse antes de lo que ahora estaban disfrutando y, en suma, por comportarse como chusma (*turba*), indigna del distinguido espectáculo que su insigne señor les estaba ofreciendo.

El cuarto epigrama que Marcial dedica al rinoceronte habla de un toro «elevado el cielo».

Como vemos, no se menciona al rinoceronte, y la interpretación tradicional es que el toro fue elevado mediante algún artefacto (grúa). Pero eso carecería de interés para el público (un toro atado a una cuerda y levantado por una grúa), además de que no tendría relación con los números anfiteatrales (espectaculares y sangrientos), y que Marcial dice explícitamente que no fue «obra del arte» (mediante artefacto). Así, sería el rinoceronte el que lo mandase al cielo (como al toro del epigrama 9 visto arriba), y eso sería una «obra de piedad» porque es la piedad de Tito la que les ofrece al rinoceronte, apiadándose de los espectadores, para entretenerlos.

Podríamos pensar que el animal que manda al toro al cielo es un elefante (el cual Marcial describe en dos epigramas del *Liber spectaculorum* luchando contra un toro), pero esto es improbable pues el elefante no lanza al cielo a sus rivales, sino que los aplasta contra el suelo (con sus colmillos y trompa, como muestran las fuentes visuales romanas, y los documentales de TV).

Tras todos esos magníficos combates (derrotando a siete rivales) e increíble entretenimiento que el rinoceronte dio al pueblo de Roma, el animal fue premiado con una corona de flores que algún valiente *harenarius* le puso en el cuerno delantero (como muestra una fuente visual).

Tito era lo suficientemente listo como para entender que tan magnífica bestia le permitiría entretener al pueblo durante años, por lo que matarla en la arena no tenía sentido (como habían hecho sus predecesores, por eso no enfrentó al rinoceronte con el elefante). Pero Tito no pudo disfrutar mucho más del coloso de cuerno gémino, ni del de piedra que había inaugurado, pues murió un año después, en septiembre de 81, probablemente envenenado por su hermano Domiciano (al morir dijo «solo he cometido un error»… no haber matado antes a su miserable y envidioso hermano menor, según interpreta Dión Casio, librando así también a los romanos de sufrir a semejante loco como emperador).

Por tanto, el nefasto Domiciano heredó el imperio, el Coliseo y el rinoceronte, y exhibió este varias veces en la arena (Marcial vuelve a dedicarle un epigrama en el año 84-85), y tanto fascinó la bestia al tirano que este ordenó acuñar una moneda con su imagen (única vez que un rinoceronte aparecería en una moneda romana).

Otra vez, la bestia sobreviviría a su nuevo amo, pues Domiciano fue asesinado en 98, apuñalado por sus propios hombres (como Calígula), incluido un gladiador (también como en el caso de Calígula).

Como vemos, un rinoceronte blanco fue la estrella de la inauguración del Coliseo, y por tanto es rigurosa la escena de *Gladiator 2* que muestra a este animal (también exactamente un rinoceronte blanco) en el Coliseo (aunque en el film aparece luchando contra hombres, lo cual ocurrió con Augusto y en el siglo II y III [cap.11]).

En definitiva, el destructor de bestias impresionó tanto a Marcial que este le dio la inmortalidad, haciendo que sus gestas cruzaran el tiempo, llegando hasta nosotros.

Condenado atacado por leopardo.
Mosaico del siglo II, hallado en *Thysdrus* (200 km al sur de Cartago).
Museo arqueológico de El Djem, Túnez.

18. Martirio de Perpetua

Año: 203 (956 de la fundación de Roma)
Lugar: anfiteatro de *Carthago* (Cartago, Túnez).
Tipo de espectáculo: *ludi meridiani*

A primeros de julio de 202 fueron capturados en Cartago varios miembros de la comunidad cristiana de la ciudad, acusados de ser cristianos. Quienes al ser interrogados aceptaron ofrecer un sacrificio por la salud de los emperadores (Septimio Severo y Caracalla) fueron liberados, pero quienes se negaron (con el pretexto cristiano de que solo a Dios puede ofrecérsele sacrificios) fueron mandados a prisión (la cárcel del cuartel de la legión estacionada en la ciudad, la *legio III augusta*). Allí pasaron los siguientes ocho meses, pues fueron reservados para ser ejecutados durante los juegos que se preparaban para celebrar el cumpleaños de Geta, el hijo menor de Septimio Severo, el 7 de marzo.

Entre los condenados se encontraban Perpetua —una joven de 22 años, de buena familia, casada y con un hijo de pecho— y Felicitas —que había quedado embarazada justo antes de ser capturada. La historia de su cautiverio y ejecución fue recogida en una crónica llamada *Passio sanctarum Perpetuae et Felicitatis* (*Pasión de las santas Perpetua y Felicitas*), escrita del puño y letra de la propia Perpetua durante su estancia en prisión, mientras que la parte que narra su ejecución en la arena la escribieron los miembros de la comunidad cristiana que asistieron al anfiteatro (para dar testimonio del hecho y pedir los cadáveres de sus compañeros para darles un entierro cristiano). Como en el caso de la crónica de la ejecución de Blandina (los mártires de Lyon, ejecutados 26 años antes, cap. 8), este relato es una descripción exhaustiva de en qué consistían los *ludi meridiani* por entonces en una ciudad de provincia.

Passio sanctarum Perpetuae et Felicitatis: «15. En cuanto a Felicitas, cuando entró en el octavo mes de embarazo —pues había quedado en estado cuando fue capturada— comenzó a preocuparle la idea de que no daría a luz antes del día de la ejecución (faltaban solo tres días) y que por tanto, ya que no se permite la ejecución de mujeres embarazadas, la separarían del grupo y la dejarían para una futura ejecución, a celebrar tras el parto. Felicitas no quería eso, pues deseaba morir entre aquellos con los que se encontraba, cristianos como ella, rechazando morir en otra futura ocasión, rodeada de criminales ordinarios. Los compañeros de Felicitas también estaban muy entristecidos de tener que separarse de tan buena amiga, por lo que decidieron ponerse a rezar juntos al Señor. Tan pronto terminaron de rezar, ella sintió los dolores del parto y dio a luz. ... Nació una niña, la cual una hermana crió como a su propia hija.

18. Llegado el día de la ejecución (7 de marzo de 203) fueron llevados desde la cárcel al anfiteatro ... Perpetua iba con mirada plácida ... Felicitas alegrándose de haber dado a luz, para poder así luchar con las fieras. Al salir a la arena *Revocatus, Saturninus* y *Saturus* (tres de sus compañeros cristianos) comenzaron a gritar al procurador «Tú nos juzgas, pero Dios te juzgará a ti». Al oír eso el público, exasperado, pidió que fuesen azotados al pasar a lo largo de la fila de *venatores*. Y ellos se alegraron sinceramente de haber sufrido uno de los tormentos que padeció el Señor en su pasión (los

azotes), y habrían querido pasar por todos y cada uno de ellos.

19. Después *Saturninus* … y *Revocatus* fueron echados a un leopardo, y sobre un estrado fueron atacados por un oso. *Saturus*, sin embargo, fue arrojado ante un jabalí salvaje, pero fue el *venator* que soltó al jabalí quien resultó herido, muriendo al día siguiente. *Saturus* solo fue arrastrado, por lo que tras eso lo ataron al suelo junto a un oso, pero este ni siquiera salió de su jaula.

20. Para Perpetua y Felicitas prepararon una vaca ferocísima, animal inusual para estos espectáculos, pero que eligieron para que así su sexo estuviera acorde con el de las condenadas. Las desnudaron y las metieron a cada una en una red, y así las sacaron a la arena. El público se horrorizó al ver que una era una joven delicada (Perpetua) y que la otra había parido recientemente y sus pechos goteaban leche (Felicitas). Por tanto ordenaron que fuesen devueltas al vestíbulo del anfiteatro, que les quitasen la red y que las cubriesen al menos con una túnica. Hecho esto, vuelven a sacar a Perpetua, que resulta embestida por la vaca, cayendo de culo. Viendo que la túnica se le había levantado, mostrando el muslo, se la bajó enseguida, más preocupada de su decencia que de su dolor. Entonces se puso a recomponerse el pelo, que se le había alborotado, pues consideraba que no era apropiado que una mártir muriese despeinada. De pronto vio que Felicitas había sido pisoteada (por la vaca). Se dirigió hacia ella y le alargó la mano para ayudarle a levantarse. Ambas permanecieron en pie, la una junto a la otra, y entonces vieron que la ira del público se había apaciguado, por lo que fueron llevadas fuera de la arena.

21. Sacaron entonces de nuevo a *Saturus* (que antes no había resultado herido) y lo arrojaron ante un leopardo, que de un solo bocado lo bañó entero en sangre, al ver lo cual todo el público se burló de él gritando «¡Salvado y bañado!», «¡Salvado y bañado!» (queriendo decir, «ese sí que es un buen bautismo, ahora sí estás salvado y bañado»). El leopardo no le atacó más, por lo que aún tuvo fuerzas *Saturus* para quitarse un anillo y dárselo a uno de los soldados que guardaban la arena, que se había portado bien con los cristianos durante el cautiverio. Hecho esto, *Saturus* murió, y el soldado se llevó el cadáver para que fuera rematado en

el *spoliarium*[29], junto con el resto. Pero el público pidió que ese trámite fuese realizado en medio de la arena, para que pudieran con sus propios ojos regodearse viendo la espada penetrando en sus cuerpos. Al oír esta demanda del público, los condenados que quedaban vivos (Perpetua, Felicitas, etc.) se dirigieron por su propio pie al centro de la arena, no sin antes darse todos el beso de la paz. Todos recibieron la estocada final inmóviles y en silencio … salvo Perpetua, pues quien debía rematarla era inexperto (un «aprendizillo» de gladiador [*tirunculus*]) y erró el golpe, pinchando en hueso, lo que le hizo gritar fuertemente de dolor. Cogió entonces ella misma la mano temblorosa del aprendiz y la dirigió hacia su garganta».

El texto es muy interesante en varios de los detalles que da. Por ejemplo, vemos que los hombres que echaban las fieras a los condenados a veces resultaban atacados por esas fieras, que estas a menudo no atacaban (generalmente debido a que estaban asustadas por el ruido ensordecedor de los espectadores… el oso ni salió de su jaula) o que las mujeres embarazadas no eran ejecutadas hasta que habían dado a luz.

Llama la atención que en esas circunstancias Perpetua fuese tan recatada que lo primero que hiciese tras ser corneada por la vaca fuese taparse los muslos con la túnica y, sobre todo, tan coqueta que se preocupase por componerse el peinado, aunque parecen comportamientos totalmente creíbles en una mujer cristiana de esa época, por lo que no hay que pensar que quien puso por escrito la crónica exagerase en esa parte.

Al igual que los gladiadores se preocupaban de morir heroicamente (arrodillados mostrando la garganta), los már-

---

29 *spoliarium*: lugar (generalmente dentro de las galerías del anfiteatro) a donde llevaban a los gladiadores muertos para quitarles la armadura (derivado de *spoliare*: «despojar de la armadura», por lo que *spoliarium* significa literalmente «lugar donde se despoja»).

tires cristianos se preocupaban de hacerlo dando una imagen digna de su fe.

Como vemos, al morir en la arena, cada uno lo hacía según sus valores, para transmitirlos.

Estaban muriendo, pero eran conscientes de que los estaban viendo miles de personas.

Aparecer en la arena era lo más parecido que había a salir en TV.

«¿Qué espectáculo iguala en emoción a una batalla naval
en la que césar lanza las naves de Persia contra las de Atenas?
Desde uno y otro mar acuden mozos y doncellas,
y el orbe entero se congrega en Roma.
¿Quién no hallará a quien amar entre tan numerosa turba?
¡Ah, cuántos se dejarán quemar por el amor de una extranjera!»

«Quid, modo cum belli navalis imagine Caesar
Persidas induxit Cecropiasque rates.
Nempe ab utroque mari iuvenes, ab utroque puellae
Venere, atque ingens orbis in Urbe fuit.
Quis non invenit turba, quod amaret, in illa
Eheu, quam multos advena torsit amor»

Ovidio, *Ars amatoria*, 1.171-176

19. La *naumachia* de Claudio

Año: 52 (805 de la fundación de Roma)

Lugar: lago Fucino

Tipo de espectáculo: *naumachia*

Una *naumachia* era un combate de barcos realizado ante un público, con el fin de entretenerlo. En el Coliseo se celebraron dos, una con Tito (año 80, durante la inauguración del Coliseo) y otra con Domiciano (año 81-84), y ya no pudieron celebrarse más *naumachiae* en el Coliseo porque Domiciano decidió convertir el subterráneo bajo la arena (subterráneo que era como el vaso de una piscina, lo que inundaban para hacer las *naumachiae*) en un *hypogeum* (en el vaso levantó muros e instaló montacargas y rampas, para poder subir escenarios, animales y gladiadores a la arena [ese es el *hypogeum* que vemos hoy en el Coliseo]). Así, ese *hypogeum* no se podía inundar, ni podían los barcos navegar en él por los muros (ver mi libro *Gladiadores*, capítulo 8).

Por tanto, la *naumachia* en el Coliseo que vemos en *Gladiator 2* (en el reinado de Geta, 209-211) es pura ficción, nunca pudo ocurrir. No obstante, es rigurosa al mostrar solo dos barcos (y pequeños), pues no cabían más en la arena del Coliseo (76 x 44 m), y así debieron de ser esas dos únicas *naumachiae* celebradas ahí con Tito y Domiciano (ese fue el motivo por el que Domiciano decidió eliminar la capacidad inundable de la arena: era muy pequeña para dar *naumachiae*, así que prefirió tener un *hypogeum* que le permitiese ofrecer mejores espectáculos de seco... cambió un vaso mediocre por un *hypogeum* grandioso).

Pero no vamos a hablar aquí de esas dos *naumachiae* del Coliseo, sino de la mayor *naumachia* jamás dada en toda la historia, la celebrada por Claudio en el lago Fucino, en el año 52 (o finales de 51).

Proclamado emperador en 41, al ser asesinado su sobrino Calígula, el principal motivo por el que Claudio fue nombrado emperador fue que (como vimos, cap. 10) un grupo de soldados pretorianos lo encontró en palacio justo tras el asesinato (escondido tras unas cortinas), y como los pretorianos eran un cuerpo cuya existencia dependía de que hubiese un emperador (del que recibían privilegios), se apresuraron en elegir uno nuevo, para no quedarse sin trabajo ni privilegios. Como Claudio fue el primero al que encontraron, le tocó la lotería. Por supuesto, ayudó que era miembro de la familia imperial, e inocente de colaborar en los crímenes de su sobrino.

Pero aparte de eso, Claudio parecía tener pocas cualidades para desempeñar bien el cargo: sus débiles piernas le hacían andar tambaleándose, tartamudeaba ligeramente al hablar y un tic le sacudía la cabeza casi continuamente. Por todos esos rasgos —que le acompañaban desde niño— quienes le

conocían habían creído siempre que era imbécil, lo que le
resultó enormemente beneficioso pues le ayudó a sobrevivir
a Calígula, quien eliminó a todos los que creía que podían
ser potenciales rivales suyos. De hecho, una vez emperador,
Claudio reconoció que había exagerado sus defectos, y efectivamente sus temblores, tics y tartamudeos disminuyeron,
aunque no completamente. Aparte de eso, hay que decir que
no tenía ninguna deformidad física de cintura para arriba,
por lo que cuando no temblaba, hablaba o caminaba pasaba
por un hombre totalmente normal, incluso apuesto, pues era
alto y atractivo de cara.

En cualquier caso, lo relevante es que ya que sus semejantes lo habían percibido durante tantos años como idiota, una
vez en el trono se sintió empujado a demostrar que era tan
capaz como los hombres más hábiles que le habían precedido
en el cargo, e incluso mejor que ellos, tratando a menudo
de superarlos (y lográndolo muchas veces). Así, por ejemplo,
se propuso —y logró— conquistar *Britannia*, algo que César
había intentado pero que nunca terminó de llevar a cabo, y
realizó obras de ingeniería que nadie se había atrevido a acometer antes, como construir el puerto de Ostia. Igualmente,
quiso superar a todos en el esplendor y magnificencia de los
espectáculos, por lo que mostró en el Campo de Marte la
toma y saqueo de un poblado britón, tal y como se realizaba
en la guerra real, o la cacería de la orca ya comentada (cap.
3), espectáculos ambos nunca antes vistos.

Así, con ese deseo por superar a sus predecesores, toda
oportunidad que surgía era buena, y una de las mejores que
se le presentó fue la del lago Fucino.

Situado a 110 km al este de Roma, el lago ocupaba 19 hectáreas, una extensión enorme de tierra que ya desde antiguo
varios gobernantes habían soñado con desecar para poner
en uso agrícola. No obstante, las enormes exigencias técnicas
que planteaba semejante empresa habían hecho que nadie
lo hubiese intentado nunca. Pero, como decimos, Claudio
se distinguía por intentar aquello a lo que sus predecesores

no se habían atrevido, por lo que tan pronto llegó al trono se puso manos a ello: asignó 30.000 hombres a la tarea, y trabajando en turnos ininterrumpidos comenzaron a excavar un túnel en la montaña que rodeaba al lago. Once años después, en 52 (o finales de 51), el túnel estaba terminado… solo había que abrir la esclusa y el agua del lago comenzaría a salir. Claudio solo tenía que dar la orden.

Pero la cosa no era tan fácil para el emperador.

El Lago Fucino estaba muy lejos de Roma, y en medio de la nada ¿De qué le valía haber logrado semejante gesta de ingeniería si solo iban a saber de ella las pocas gentes de la zona? Claudio quería que el mayor número de personas supieran de su logro, y para ello necesitaba que presenciasen el vaciado del lago. ¿Pero cómo lograr que la gente acudiese a un lugar tan remoto, tan alejado de la urbe?

La respuesta estaba en el lago mismo, en las posibilidades que ofrecía. Si años antes la cacería de una orca le había servido para que miles de personas fuesen a ver el puerto que estaba construyendo en Ostia, ahora una *naumachia* parecía el espectáculo ideal para lograr que la gente acudiese al lago Fucino.

Una *naumachia* no era un espectáculo nuevo, pues en 46 aC César ya había ofrecido una con 6.000 hombres y 26 barcos en un estanque de 450 x 300 m excavado en el *campus martius*, y en 2 aC Augusto ofreció una *naumachia* aún mayor —9.000 hombres y 30 barcos— en el estanque de 567 x 357 m que excavó en el Trastévere. Por tanto, si Claudio quería que su *naumachia* llamase la atención debía superar esas cifras.

En lo referente al 'estanque' Claudio lo tenía fácil, pues las 19 hectáreas del lago Fucino (con una profundidad media de 22 m) ridiculizaban los estanques usados por César y Augusto. Más dificultad planteaban sin embargo otras cuestiones, como la de llevar hasta allí los barcos o los combatientes. Los estanques que César y Augusto habían excavado en Roma estaban unidos por un canal al río Tíber, por lo que los barcos pudieron entrar en los estanques desde el río, el cual habían remontado desde el mar. Una operación sencilla.

Por el contrario, no había río que conectase el lago Fucino con el mar, por lo que Claudio se vio obligado a llevar los cien grandes barcos que usó en su *naumachia* por tierra, sobre la vía Valeria, la que unía el lago con Roma. Algunos desmontados en piezas y otros simplemente colocados sobre ruedas, la procesión de ese centenar de trirremes y cuatrirremes (más otras embarcaciones menores) avanzando lentamente por la polvorienta vía, fuera de su líquido habitual, debió de ser un espectáculo que dejó boquiabiertos a los campesinos de las tierras por las que cruzó, quienes nunca habrían soñado que verían un barco, menos aún fuera del agua.

Pero no quedaban ahí las sorpresas de dicha procesión. Una *naumachia* era una auténtica batalla naval en la que se exigía a ambos bandos que se exterminasen mutuamente, motivo por el cual los participantes *naumachiarii* eran condenados a muerte. Ya que el número de barcos empleados en la *naumachia* era de cien, el número de hombres que se necesitaba era de 19.000…

Reunir a 19.000 condenados a muerte no era problema, las cárceles de Roma estaban atestadas de chusma criminal (ladrones, violadores, asesinos, pirómanos, etc.). La dificultad era llevarlos de Roma al lago, un traslado más delicado que el de los barcos, pues si estos no necesitaban custodia alguna, los 19.000 condenados (sabedores de que iban a su muerte) requerían ir fuertemente vigilados por soldados, para evitar cualquier intento de fuga (y de suicidio, como ya vimos [cap.9]). Es decir, otra comitiva digna de ser vista: 19.000 criminales encadenados custodiados por un número similar de soldados, esto es, un total de probablemente más de 30.000 hombres, el equivalente a cinco legiones y media.

Los barcos debieron de llegar al lago con algunos días de antelación, para dar así tiempo a montarlos, pero los condenados probablemente no llegaron hasta el mismo día del espectáculo (no era seguro que pasaran mucho tiempo fuera de prisión), encontrándose los barcos ya en el agua.

Los últimos en llegar habrían sido los espectadores, unas pocas horas antes del inicio de la batalla, entre los cuales estaba Plinio (de 29 años por entonces).

Aunque Plinio puso por escrito lo que vio, es sin embargo Tácito quien nos dejó la crónica más completa que tenemos del evento, la cual comienza describiendo con especial detalle las enormes medidas de seguridad que Claudio hizo instalar en el lago para intentar mantener controlados a los 19.000 condenados. Que tomase tantas precauciones es lógico, pues desde el punto de vista de la seguridad era un total despropósito coger a 19.000 condenados a muerte (unas tres legiones y media), todos ellos peligrosos y con formación militar (los habían entrenado para ofrecer un buen espectáculo combatiendo en la *naumachia*), y no solo reunirlos en un mismo sitio, y ante una audiencia de gente, sino además darles armas e incluso barcos de guerra. Evidentemente, el dispositivo de seguridad para controlar a semejante grupo de criminales armados tenía que ser lo suficientemente impresionante como para disuadirlos de cualquier intento de fuga. Y efectivamente, según Tácito, el área del lago donde los condenados se encontraban a bordo de sus barcos fue rodeada íntegramente por balsas y barcazas unidas entre sí por una plataforma continua de madera, sobre la cual se instalaron catapultas y *ballistae*, más los soldados que las manejaban (es decir, era un pontón flotante continuo que describía un círculo alrededor del área de combate, cerrándola). La plataforma de madera, tras las catapultas y *ballistae*, también tenía un muro de madera.

Otro ejemplo de la impresionante ingeniería militar romana.

Tácito no da las dimensiones de ese área de agua en la que estaban los barcos, donde debía librarse la *naumachia*, pero dado que señala que tenían espacio suficiente para realizar todas las «operaciones usuales de una batalla» podemos suponer que tendría un diámetro de dos o tres kilómetros. Por tanto, todo el borde externo de ese círculo de 3 km de diámetro estaba delimitado por la plataforma flotante de madera. Más allá de dicha plataforma y del muro de madera que se levantaba sobre ella aún había más medidas de seguridad, pues dice Tácito que había barcos de guerra patrullando, preparados por si los condenados lograban atravesar la plataforma flotante.

Para que los espectadores pudieran ver bien el combate, la citada área de lucha de 3 km de diámetro no se situó lógicamente en medio del lago, sino que estaría cerca de la orilla suroeste, donde se encontraba el túnel por el que debía salir el agua y donde se levantaron gradas para los espectadores. En esa orilla había también varias colinas y montañas, en las faldas de las cuales el numeroso público se apostó como si se tratase de las gradas de un teatro (pues no cabían todos en las gradas que se habían construido en la orilla).

Claudio, acompañado de su cuarta esposa (y sobrina) Agripina, y del hijo de esta, Nerón, presidió el evento desde un palco instalado en la misma orilla. El emperador lució el *paludamentum* (la capa púrpura que distinguía al general de los ejércitos, en esa época una prenda que ya solo lucía el emperador), mientras que Agripina atrajo no poca atención vistiendo una clámide (una especie de manto) tejida toda con hilo de oro, como da fe Plinio, quien la vio con sus propios ojos.

Inicio del combate, el famoso «Have imperator, morituri te salutant»

Como hemos dicho, una *naumachia* era una batalla naval librada con todo el realismo, en la que se exigía a ambas flotas exterminarse mutuamente hasta el último hombre, motivo por el cual eran condenados a muerte (*morituri*) quienes luchaban en ella. Es decir, se trataba de una forma de *damnatio ad gladium* grupal, ejecución masiva por la espada (como la que vimos de 700 condenados contra otros 700 en el anfiteatro de *Berytus* [cap. 4], pero aquí sobre barcos). Los 19.000 condenados reunidos en el lago Fucino sabían eso perfectamente, que no había esperanza de salir vivos del combate, y bien conscientes de que cualquier intento de fuga era imposible (ante el impresionante despliegue de seguridad), decidieron recurrir a la astucia.

Así, antes de iniciarse el combate los *morituri* se reunieron (sobre los barcos, imaginamos) ante el palco de Claudio y le saludaron gritando «*Have imperator, morituri te salutant*» (Ave emperador, los que van a morir te saludan). La frase la recoge Suetonio (*Claudius*, 21.6), y Dión Casio (traducida al griego), y realmente no sabemos los motivos por los cuales fue pronunciada. Algunos investigadores proponen que probablemente se ordenó a los condenados que gritaran eso, para dar así ocasión al emperador a manifestar su magnanimidad mediante la respuesta que pronunciaría. Otros creen en cambio que fue idea de los propios condenados, para alagar así al emperador y que este desease indultarlos.

Fuera como fuese, el caso es que al escuchar tal saludo Claudio respondió «*aut non*» (o no), lo que los condenados interpretaron como que habían sido indultados, y se negaron a luchar.

Furioso ante tal desplante, Claudio estuvo un rato considerando si destruirlos «con fuego y hierro» (*i.e.* si ordenar a los soldados que los enterrasen bajo los proyectiles —algunos incendiarios— de catapultas y *ballistae*), pero eso habría privado a los espectadores de ver la *naumachia* prometida, por lo que finalmente Claudio se levantó de su trono y, dirigiéndose con su característico andar tambaleante hasta la orilla, comenzó a hablar con los condenados, en parte amenazándoles (con ser destruidos por los soldados si no luchaban) y en parte con promesas (probablemente les explicó que lo que quería decir con su «*aut non*» era que al final del combate serían indultados los que quedasen con vida, pero que antes debían luchar).

Así, a regañadientes, los condenados partieron con sus barcos y comenzaron a pelear, aunque al principio «se hirieron tan poco como les fue posible». Viendo Claudio semejante farsa, se les ordenó (probablemente mediante el lanzamiento de algunos proyectiles) que luchasen en serio, literalmente «hacerse pedazos» («κατεκόπησαν», Dión Casio, 60.33.4).

Entonces los condenados ya sí se emplearon a fondo, no quedándoles otra alternativa, y libraron «una batalla con todo el coraje de hombres valientes, pese a que eran criminales». Pudo verse «la fuerza de las tripulaciones, la destreza de los pilotos, el impacto de los barcos y las operaciones usuales de una batalla». Todo eso quiere decir que se libró una típica batalla naval, el desarrollo de la cual el lector conocerá bastante bien por películas como *300: Rise of an Empire* (2014), que muestra con todo detalle y bastante correctamente cómo eran esos enfrentamientos.

En esencia, cada una de las dos flotas que se enfrentaron en Fucino, y a las que se les dieron los nombres de «sicilianos» los unos y «rodios» los otros[30], se habrían colocado en línea de combate a un extremo del área de lucha. Esto es, a un lado los 50 barcos (12 trirremes y 38 cuatrirremes y otras embarcaciones menores) de los «sicilianos» y al otro los 50 barcos de los «rodios». En un determinado momento surgió de entre las aguas, en medio de ambas líneas, un tritón de plata (un autómata, frecuentes en aquella época) y soplando un cuerno dio la señal de comienzo. Al sonido del cuerno ambas flotas se lanzarían la una contra la otra con toda la fuerza de sus remeros, y ya que el área de lucha tenía unos 3 km de diámetro, antes de colisionar en el punto medio las flotas disponían de más de un kilómetro para alcanzar su velocidad máxima (5-6 nudos), lo que garantizaba un impacto espectacular, con toda la fuerza.

30　En las *naumachiae* se daba a las dos flotas participantes los nombres de pueblos que se habían enfrentado en batallas navales reales, pero no existe ninguna batalla naval real en la que se enfrentaran sicilianos y rodios (habitantes de Rodas), por lo que se cree que este emparejamiento de la *naumachia* de Fucino es una referencia genérica a las luchas por controlar Sicilia occidental que libraron las colonias de Rodas y Cnido contra una alianza de fenicios y élimos entre 580 y 576 aC.

Ese momento en el que ambas flotas colisionaban de frente, la una contra la otra, era sin duda uno de los momentos más vistosos de toda *naumachia*, y más importantes para su desarrollo. El objetivo de esa colisión era que, ya que los barcos llevaban un espolón metálico (*rostrum*) en la proa, al nivel de la línea de flotación, la colisión debía servir para hundir el espolón en las maderas del barco contrario, abriendo así una vía de agua y mandándolo a pique (el barco causante del agujero entonces reculaba remando hacia atrás y se separaba así de su víctima, que se hundía sola). No obstante, a menudo las cosas no eran tan fáciles, y antes de que el barco reculara los tripulantes del otro barco lo abordaban y comenzaban el combate en la cubierta. En otras ocasiones ambos barcos quedaban enganchados, o muy dañados, por lo que el combate en cubierta era inevitable.

Cuando ocurría eso y un barco quedaba dañado en una colisión, sin posibilidad de seguir navegando, sus remeros abandonaban los remos y —empuñando armas— salían a la cubierta, uniéndose a la lucha en los abordajes.

Algunos investigadores han sugerido que para el público se planteaba un problema de percepción, pues al mezclarse ambos bandos en los abordajes sería imposible distinguirlos con claridad desde la distancia. Se ha propuesto que quizá cada bando vistiese colores distintos (una solución que se usaba en las carreras del circo y en el teatro), con lo que los espectadores podrían interpretar de modo más claro lo que veían. Es posible, sobre todo porque ayudaría a los propios combatientes a pelear de un modo más organizado (evitando confusiones), aunque tampoco nos parece esencial para el público. El espectáculo, para quienes observaban, no residía en que un bando ganase (siendo por tanto necesario poder distinguir los bandos), sino que se trataba de un espectáculo de destrucción, el interés y la belleza estética estaban en la aniquilación e imagen de guerra en sí que se ofrecía, en su conjunto, por lo que distinguir los bandos no era importante para los espectadores. De hecho, recordemos que en principio todos los participantes en la *naumachia* estaban condenados a exterminarse en ella luchando, hasta el último, por lo que no habría ningún bando ganador.

Sobre el equipo (armamento) que usaban quienes luchaban en las *naumachiae*, las fuentes escritas no dan muchos datos (solo Séneca menciona una lanza al referirse a la segunda *naumachia* de Nerón, en 64), pero sí las fuentes visuales. Varias pinturas de *naumachiae* halladas en Pompeya, y realizadas entre el reinado de Nerón y la erupción del Vesubio (79), muestran a los combatientes sobre la cubierta de los barcos equipados con escudos redondos u ovalados, y lanzas. Este equipo concuerda con el que usaban los pueblos que normalmente eran representados en las *naumachiae* (persas, griegos, egipcios, etc.), que luchaban en el mar con escudos de ese tipo, y lanzas.

Así, muy probablemente los condenados que lucharon en Fucino llevaban escudos redondos u ovalados, y lanzas, y con ellos se lanzaron al abordaje cuando sus barcos chocaron (escenas todas, como hemos dicho, detalladamente recreadas en el film *300: Rise of an Empire*).

La película *Ben-Hur* (1959) también muestra una batalla naval, pero esta no recrea bien lo que sería una *naumachia*, pues muestra luchando a soldados romanos, con sus escudos rectangulares (*scuta*) y espadas cortas (*gladii*), armas que —como hemos dicho— nunca aparecen en las pinturas de *naumachiae*, algo lógico pues las flotas participantes en *naumachiae* solo recibían los nombres de pueblos extranjeros, nunca interpretaban a la armada romana (pues esto habría sido un insulto ya que las flotas de las *naumachiae* las integraban condenados, más el insulto añadido de ser finalmente exterminados). Pero aparte de esto, esa escena de *Ben-Hur* muestra bastante correctamente la táctica de embestir con el espolón y, especialmente, el trabajo de los remeros.

Otras tácticas de la guerra naval que probablemente pudieron verse en Fucino, así como en toda *naumachia*, fueron el abordaje por medio del *corvus* (una pasarela de abordaje que iba pegada al mástil del barco y que al chocar este con otra nave se dejaba caer sobre la cubierta de esta, permitiendo así a los soldados pasar por encima al otro barco) y el fuego griego (existían varios artilugios para lanzar llamas a las naves enemigas).

Para realizar todas esas maniobras se necesitaba a gente formada en la lucha naval: pilotos capaces de llevar el timón, comandantes que dirigiesen las maniobras, músicos que supieran dar las distintas órdenes mediante toques de trompeta y tambor, remeros adiestrados en los diferentes tipos de boga, etc. Todo eso no se improvisaba de la noche a la mañana, por lo que muchos de los participantes habrían sido seleccionados de entre los prisioneros de flotas enemigas de Roma (piratas, pueblos extranjeros, etc.). Además de eso, una buena parte habrían sido instruidos en los meses previos para desarrollar su cometido en la *naumachia* y ser capaces de comprender y realizar las distintas órdenes que se les darían, algo costoso pero perfectamente posible, pues consta que Augusto entrenó durante un invierno como marineros a 20.000 esclavos liberados, con los cuales luego derrotó a Sexto Pompeyo en la batalla de *Naulochus* (36 aC).

Los barcos provendrían igualmente de lo requisado a flotas enemigas, aunque en buena parte se trataría también de naves de la propia armada romana, en buen estado, lo que suponía un gran costo (dilapidar así decenas de barcos operativos solo puede entenderse porque en ese momento Roma no tenía ninguna amenaza naval… ciertamente, tras *Actium* (31 aC) Roma ya no volvió a librar ninguna gran batalla en el mar).

Así, con tripulaciones instruidas, barcos reales, y un área de combate suficientemente amplia, pudo desarrollarse una auténtica batalla naval sobre el Fucino.

Finalmente, como hemos dicho, los condenados lucharon duramente, haciéndose pedazos e infligiéndose muchas heridas, y Claudio cumplió lo prometido, pues los que quedaron vivos en ese momento final del combate «fueron eximidos de tener que aniquilarse mutuamente», es decir, de matarse hasta el último hombre. Debemos entender por ello que esos pocos supervivientes fueron reservados para otra ejecución futura, pero no que se les concediese la libertad, pues estaban condenados a muerte, de manera que su destino era morir luchando, antes o después.

Concluida por tanto la *naumachia*, llegó para Claudio el momento de exhibir la obra de ingeniería que durante once años había realizado en el lago. Dio la orden de que se abriera la válvula del túnel, y el agua comenzó a salir. Sin embargo, enseguida se vio que las cosas no iban según lo esperado, pues el túnel no se había cavado a suficiente profundidad, por lo que pronto dejó de salir agua y todo quedó en un gran chasco.

En los meses siguientes se tomaron las medidas necesarias para solucionar el problema, y así volvió a convocarse a la gente en el Fucino para asistir a su vaciado, siendo en esta ocasión el espectáculo previo un combate de gladiadores celebrado sobre una plataforma flotante, seguido de un combate de infantería. Se dio también un banquete junto al lugar por donde debía vaciarse el lago, para que así los comensales pudiesen ver bien dicha operación. Terminados los combates se dio la orden de dejar salir el agua, pero esta lo hizo con tanta violencia que comenzó a arrastrar la tierra colindante, para gran alarma de los comensales, y de todos los congregados en el lago, pues la corriente hizo temblar incluso las orillas más alejadas, y el estruendo horrible que hacía el agua al salir llenó de terror a todos.

En definitiva, en esta segunda ocasión tampoco logró Claudio desecar el lago, su nivel apenas descendió un poco, por lo que fracasó en este reto de ingeniería que se propuso. Eso sí, pasó a la historia por dar la mayor *naumachia* de todos los tiempos.

20. El día que las fieras se empacharon de condenados

Año: 308 (1061 de la fundación de Roma)
Lugar: Circo Máximo o Coliseo
Tipo de espectáculo: *ludi meridiani*

En 306 una horda bárbara compuesta principalmente por francos entra en el imperio y saquea varias ciudades de la Galia. La incursión está liderada por Ascarico y Merogaiso, cuya tribu de origen parece que era la de los *bructeri* (que vivía en el área de lo que hoy es la ciudad de Wuppertal, Alemania).

Los romanos actúan rápidamente y ambos líderes y sus hombres son derrotados, capturados y echados a las fieras, probablemente en el anfiteatro de Colonia o en el de Trier, las principales ciudades de la Galia en esa época, para que así pudieran morir ante los ojos de aquellos a quienes habían saqueado.

Sin embargo, Constantino piensa que eso es poco escarmiento, y para disuadir a los bárbaros de futuras incursiones decide castigar a todo el pueblo de los *bructeri*. De ese modo, en 308 un contingente de tropas romanas cruza el Rin y asalta por sorpresa las tierras de ese pueblo, para que así —al no esperarse el ataque— no se escondan en los bosques y escapen de los romanos. En consecuencia, el ataque cae sobre todos los *bructeri*, hombres, mujeres y niños. Según las fuentes, «incontable número de ellos fueron masacrados, y también muchos fueron capturados», incluidos sus rebaños de ganado, y todos sus poblados fueron incendiados.

Determinar el castigo a aplicar a los capturados —tantísimos en número— planteó ciertos problemas, pues si bien los niños pudieron ser vendidos como esclavos, los adultos no era posible destinarlos a ese fin, por su ferocidad, y tampoco podían (los hombres) ser enviados al ejército, como tropas auxiliares, por su perfidia (los generales no confiaban en ellos).

Así, tras considerar durante un tiempo qué hacer con ellos, Constantino decidió destruirlos a todos echándolos a las fieras, pese a que su gran número planteaba problemas logísticos, pues para ejecutar *ad bestias* a tan elevado número de personas se necesitaba una cantidad enorme de fieras. Tras comprobar que ninguna ciudad de la Galia tenía un anfiteatro con fieras suficientes para realizar la ejecución (inicialmente querían que fuesen ajusticiados en la Galia, al igual que lo habían sido sus líderes Ascarico y Merogaiso), se decidió enviarlos a Roma. No obstante, incluso en Roma el número de fieras disponibles parecía escaso para la tarea.

Las fuentes no especifican cuál fue el recinto donde tuvo lugar esta ejecución, por lo que no sabemos si fue en el Circo Máximo o en el Coliseo. Creemos que el lugar elegido con más probabilidad fue el Circo Máximo, pues su gran pista permitía soltar a la vez a tan elevado número de prisioneros junto con el gran número de fieras necesarias para acabar con ellos. Sin embargo, quizá también es posible que eligieran el Coliseo, porque permitía una puesta en escena más elaborada, si bien habría requerido sacar a los presos a la arena en grupos, un grupo tras otro, lo que habría alargado la ejecución mucho más que en el circo.

En cualquier caso, fuese en el *circus maximus* o en el Coliseo, una vez iniciada la ejecución se vio que los prisioneros eran más de los que las fieras disponibles podían eliminar, pues todas ellas quedaron empachadas y terminaron por dejar de atacar.

La solución fue probablemente ir repartiendo a los condenados a lo largo de varias ejecuciones, separadas por varios días entre sí, para que de ese modo las fieras volvieran a sentirse hambrientas de una ejecución hasta la siguiente (el protocolo normal era dejar a las fieras en ayuno durante los días previos a la ejecución, para que saltaran a la arena con hambre).

Esta fue la única ejecución con fieras en la historia de Roma en la que consta que los animales se cansaron de comer y de matar. La fuente que recoge tan extraordinario hecho es breve (algo propio de los textos de la época), pero muestra con suficiente elocuencia la sorpresa que causó.

Panegyrici latini, 6.12.3: «*ad poenas spectaculo dati saevientes bestias multitudine sua fatigarunt*».
en el espectáculo de echar [a los *bructi*] a las fieras salvajes la multitud fue tal que fatigaron a estas.

21. El sueño del gladiador

Año: siglo II
Lugar: Grecia
Tipo de espectáculo: *gladiatura*

Aunque los gladiadores eran tíos duros, que no sentían muchos remordimientos (o ninguno) con su trabajo, no importándoles tener que matar de vez en cuando a alguno de sus rivales en la arena (recordemos a *Pacideianus*, cap. 6), también es indudable que algunos vivían con un cargo de conciencia constante, sabedores de que en el fondo matar a semejantes no estaba bien, y que la mayoría de la sociedad lo entendía del mismo modo (razón por la cual, entre otras, los gladiadores eran considerados *infames*). Así lo muestra el sueño que un gladiador confesó a Artemidoro, especialista en la interpretación de los sueños que vivió en el siglo II en la parte griega del imperio. El sueño es realmente escalofriante, dejando bien claro qué era la gladiatura.

ARTEMIDORO, *Interpretación de los sueños*, 5.58: «Un hombre (decidido a enrolarse como gladiador) soñó que iba dentro de una artesa*, la cual llevaban sobre sus hombros varias personas, como en procesión. La artesa estaba llena de sangre humana coagulada, y él comía de esa sangre. De pronto su madre salió a su encuentro, diciéndole «Hijo mío, me has deshonrado». Entonces sus portadores lo depositaron en el suelo y él se fue a su casa. Al despertar, el hombre se alistó como gladiador (tal y como tenía decidido) y durante muchos años luchó en combates a muerte**. La interpretación del sueño es la siguiente: comer sangre significaba la manera cruel e infame de ganarse el sustento matando a otros, las palabras de la madre hacían referencia a su indigno modo de vida, e ir en la artesa aludía al peligro incesante y continuo de su oficio, porque las cosas que se ponen en la artesa acaban siendo devoradas. Y quizá él también habría acabado devorado por la arena, de no haber abandonado su carrera gladiatoria tras mucho tiempo, cuando algunas personas de su entorno se interesaron por él».

* Cajón cuadrilongo que sirve para amasar el pan.
** El texto original griego dice ἀπότομον πυγμήν (letales combates), es decir, combates donde el vencedor siempre mataba al vencido, que no tenía posibilidad de pedir la *missio* (indulto). En este sentido, ἀπότομον era la expresión griega equivalente a la latina *sine missione* (sin indulto), aunque la griega era mucho más explícita, pues significa literalmente ἀπό (completamente) +τομον(cortado)=completamente cortado, hecho pedazos del todo.[31]

Artemidoro presenta este sueño (al igual que todos los demás que incluye en su obra) como un sueño profético que reveló a quien lo tuvo cuál iba a ser su futuro (el objetivo del libro de Artemidoro es dar a sus lectores un catálogo de sue-

---

31 Fernando García Romero lo explica así: «La raíz τεμ- / τομ- significa "cortar" (en castellano da palabras como anatomía [volver a cortar] o tomo [de una publicación]) y el preverbio ἀπο- significa que una acción se completa. Así, el adjetivo resultante ἀπότομον significa literalmente "completamente cortado, cortado del todo"».

ños, con su interpretación, para que si alguien tenía alguno de esos sueños supiera lo que significaba, y lo que le depararía por tanto el futuro). En este caso el hombre que tuvo el sueño ya había decidido hacerse gladiador, por lo que el sueño muestra claramente todos los aspectos que le preocupaban de ese oficio. El alimentarse de sangre es muy elocuente, pues efectivamente un gladiador puede decirse que vivía de la sangre de otros (al derramarla, totalmente en el caso de los combates a muerte). Que la artesa en la que iba la llevasen a hombros otras personas revela una preocupación común de todo gladiador: saber que su vida no dependía de él sino de otros, que no estaba en sus manos sino en las de otros (sus rivales y el público: un día podía dar con un rival que lo derrotase y el público podía condenarlo a muerte en lugar de salvarle la vida). Igualmente, el reproche de la madre simboliza la opinión negativa que él sabía que tenían de la gladiatura las personas relevantes para él (su familia y amigos), y la sociedad en general.

Pese a tener semejante sueño, al despertar el hombre siguió adelante con su propósito de hacerse gladiador, oficio que desempeñó durante «muchos años» (que fuese capaz de mantenerse durante «muchos años» vivo luchando en «combates a muerte» muestra que debió de ser sin duda un gladiador excepcionalmente bueno). Sin embargo, parece que en algo tuvo en cuenta el sueño, y recordando que en este volvió a casa cuando dejaron la artesa en el suelo, el hombre decidió abandonar el oficio cuando algunas personas (sin duda relevantes para él, probablemente familiares, puede incluso que su madre) se interesaron por él, por la vida que llevaba.

«una tigresa, … ha despedazado salvajemente
con su rabioso diente a un fiero león.
A nada igual se atrevió mientras vivía en las altas selvas:
desde que entre nosotros está, más fiereza tiene»

«tigris, … saeva ferum rabido laceravit dente leonem …
Ausa est tale nihil, silvis dum vixit in altis:
postquam inter nos est, plus feritatis habet»

Marcial, *Liber spectaculorum*, 18

22. Los leones entrenados para cazar hombres

Año: desde el siglo II aC al siglo V

Lugar: circos y anfiteatros de todo el imperio

Tipo de espectáculo: *damnatio ad bestias*

Aunque en las *damnationes ad bestias* que podían verse en los *ludi meridiani* echar un condenado para que lo devorase un león era algo corriente, lo exigente que se volvió el público con el paso del tiempo hizo que pidieran un espectáculo algo más elaborado. Los leones empleados en la *damnationes* eran normalmente leones salvajes, traídos directamente de su hábitat original, que por tanto atacaban a esos condenados según su instinto natural. Los romanos consideraron que ese instinto podía «perfeccionarse» enseñando al animal mejores y más espectaculares técnicas para cazar a los condenados.

En consecuencia, varios cuidadores de leones se especializaron en enseñar a estos cómo cazar hombres en la arena de una manera que resultase lo más entretenida posible para el público. El león no podía matar al condenado muy rápido, pues entonces el entretenimiento se acababa pronto, sino que debía primero acosarlo y atormentarlo (como un gato que juega con un ratón), mediante zarpazos, bocados y saltando sobre él, pero sin herirle gravemente (sin cerrar completamente la mordida). Finalmente, cuando el condenado ya no diese más juego, o cuando se lo indicase su cuidador con una señal, el león sabría que era hora de matar a su presa, pudiendo hacerlo de diferentes maneras según la señal (pues así había sido entrenado).

Muerto el hombre, el león procedía a devorarlo, lo cual era considerado otro espectáculo en sí mismo (como confirman las fuentes, escritas y visuales).

Además, mientras que los animales salvajes en ocasiones se asustaban por el estruendo del público en el anfiteatro, llegando incluso a no salir de sus jaulas o a no atacar a los condenados, los leones entrenados ya estaban acostumbrados al anfiteatro, por lo que siempre atacaban.

Se sabían los protagonistas del número, y al igual que nuestro gato se siente el amo y señor de nuestro salón, ellos actuaban como si la arena fuese su casa.

Un león entrenado de esa manera era muy apreciado por los espectadores, y en consecuencia todo organizador de juegos quería tenerlo en su espectáculo, por lo que pagaban cifras enormes por contar con sus servicios. Surgió así un negocio muy lucrativo, mucho más que el de los gladiadores, pues mientras que el *lanista*[32] tenía que dar parte del dinero que recibía por el alquiler de sus gladiadores a estos (más los gastos de alimentación, entrenamiento y alojamiento), el cuidador del león no tenía lógicamente que dar ni un solo sester-

---

32 *lanista*: dueño de una escuela de gladiadores, y de los gladiadores adscritos a ella.

cio al animal (al cual solo debía alimentar y cuidar). Además, mientras que los gladiadores tenían cierto riesgo de morir en la arena (el 10% moría en el siglo I), estos leones no corrían peligro alguno de resultar heridos en su lucha contra el condenado (que iba desarmado), por lo que eran una inversión segura. En definitiva, el cuidador que lograba entrenar a un león que se convertía en un gran cazador de hombres, aclamado por los espectadores, se hacía rico. En algunos casos documentados por las fuentes esos leones se hicieron incluso más populares que los gladiadores campeones.

Ninguna fuente escrita describe las carnicerías que estos leones debían de hacer con los hombres que les ponían delante, pero sí las muestran algunos mosaicos, como uno en el que vemos las fauces del animal en el tórax abierto de su víctima.

Pese al gusto desmedido que la plebe mostraba por este espectáculo, parece que fue desde siempre muy censurable para las clases altas (o al menos era lo correcto para ellas opinar así). De este modo, Cicerón (*Ad familiares*, 7.1) se preguntaba qué podía haber de interesante en ver a un hombre despedazado por una fiera mucho más poderosa, y de hecho este espectáculo fue prohibido por algunos emperadores. Uno de ellos fue Claudio, paradójicamente, pues como ya vimos era famoso por su gran afición a los espectáculos crueles y sanguinarios, debido a su gusto por ver el rostro de la gente al morir.

> DIÓN CASIO, 60.13.4: «[Claudio] ordenó matar a un león que había sido entrenado para devorar hombres y que por ello agradaba mucho a la chusma, alegando que no era apropiado para los romanos contemplar semejante espectáculo».

También Marco Aurelio veía mal ese número, pero su censura fue más diplomática, pues aunque estaba en contra de los divertimentos sangrientos, nunca quiso prohibirlos al pueblo, sabiendo que era el entretenimiento lo que los mantenía aborregados, y por tanto lo que aseguraba la continuidad del statu quo de esa sociedad.

DIÓN CASIO, 72.29: «[Marco Aurelio] era tan contrario a ver cualquier derramamiento de sangre que, aunque a petición de la gente ordenó que se exhibiera cierto león que había sido entrenado para devorar hombres, se negó a verlo y a liberar a su entrenador, pese a las persistentes demandas de los espectadores. En su lugar, ordenó comunicar que el hombre no había hecho nada para merecer su libertad».

Es decir, Marco Aurelio exhibió un león entrenado en matar hombres, a petición de la gente, pero rehusó conceder la liberación por petición popular (*manumissio ex acclamatione populi*) al entrenador de la fiera.

Son varias las fuentes visuales que nos muestran la imagen de esos leones acompañados de sus cuidadores, sus eternos escoltas, a los que normalmente obedecían como si fuesen perrillos, aunque también consta que en ocasiones se revolvían contra ellos.

MARCIAL, *Spect.*, 10: «Un león traicionero hirió con su boca ingrata a su cuidador, atreviéndose a lastimar las manos que le eran tan conocidas. Pero ha recibido el castigo merecido por tan grande crimen, y él, que no toleró el látigo, ha sentido los venablos».

Pero el león es un animal noble (como veremos sobradamente, cap. 26), y así Séneca recoge que cuando el cuidador de uno de esos leones fue condenado a ser devorado precisamente por leones entrenados para cazar hombres, su león (el que él había criado y entrenado) lo defendió frente al resto de fieras.

SENECA, *De beneficiis*, 2.19: «Vi a un león en el anfiteatro, que entre los condenados (habían echado a varios juntos para que los devorasen) reconoció al que fue su cuidador, protegiéndolo del ataque del resto de bestias».

«Odio a los pobres»

«*abomino paupero*[s]»

Grafito de Pompeya *CIL*, IV, 9839b

23. Mujer crucificada

Año: hacia el 50-70 (803-823 de la fundación de Roma)
Lugar: anfiteatro de *Cumae*
Tipo de espectáculo: *ludi meridiani*

Entre los varios tipos de ejecuciones que se realizaban durante los *ludi meridiani* la crucifixión es una de las más frecuentemente documentadas. Así, en una taberna de Pozzuoli, grabado sobre una de sus paredes, se encontró un grafito que muestra a una persona crucificada. Junto al dibujo aparece la palabra «*Cumis*», que indica que la ejecución tuvo lugar en *Cumae*, ciudad situada a 50 km al norte de Pompeya, y el nombre Ἀλκίμιλα (transcripción en griego del nombre latino *Alcimilla*), que era como se llamaba la persona crucificada, que por tanto era una mujer (algo que no puede deducirse por el dibujo, demasiado esquemático). Ya que *Cumae* tenía anfiteatro, es muy probable que el dibujo muestre una escena de los *ludi meridiani* que se realizaban en él.

Además, un anuncio de *munera* hallado en Pompeya parece hacer referencia también a este espectáculo, pues dice que «en *Cumae*, entre el 1 y el 6 de octubre, combatirán 20 parejas de gladiadores, sus reservas, y habrá también crucifixiones y *venationes*» (*CIL*, IV, 9983a).

El anuncio de Pompeya data de los años 50-70, al igual que el grafito de Pozzuoli, por lo que efectivamente parece probable que *Alcimilla* fuera una de las personas que fueron crucificadas en esos juegos celebrados en *Cumae* (y si no exactamente en esos juegos, en otros similares celebrados en fechas cercanas, lo importante que muestran estas evidencias es que la crucifixión era un espectáculo que solía ofrecerse en el anfiteatro de *Cumae*). Igualmente, el grafito de Pozzuoli es la única fuente visual que documenta la crucifixión de mujeres (las otras tres fuentes que documentan la crucifixión femenina son textos [uno de ellos la crónica de Eusebio del martirio de Blandina, cap. 8]).

Pero estas evidencias que prueban que la crucifixión se realizaba en los anfiteatros durante los *ludi meridiani* plantean a su vez otras preguntas. La crucifixión era un método de ejecución que no resultaba espectacular en absoluto, es decir, una vez el individuo era fijado (atado o clavado) a la cruz, este quedaba ahí inmóvil durante horas, algo que evidentemente carecía de cualquier interés. Además, la muerte en la cruz podía tardar en llegar horas e incluso días, excediendo así la duración misma de los *ludi meridiani* (que solo se realizaban durante las horas del mediodía) e incluso de la jornada entera del *munus legitimum* (desde el amanecer al anochecer).

Evidentemente no cabe pensar que los espectadores se pasaran las horas sentados mirando a gente inmóvil clavada a cruces, por lo que sin duda debían de introducir algún elemento que acelerara la muerte de los crucificados, añadiendo de paso elementos espectaculares. Un ejemplo de cómo lo lograron es la ejecución de *Laureolus* (año 80, durante la inauguración del Coliseo).

MARCIAL, *Spect.*, 7: «*Laureolus*, colgando de una cruz, presentó sus vísceras desnudas a un oso de Caledonia. Sus miembros desgarrados palpitaban, echando sangre, y nada en su cuerpo tenía ya forma de cuerpo».

Como nos dice Marcial (testigo presencial), en ocasiones soltaban a una fiera que devoraba a la persona fijada a la cruz, lo que era un espectáculo vistoso y a la vez rápido, que permitía que todo el proceso de crucifixión y muerte del reo cupiese dentro del tiempo dedicado a los *ludi meridiani*.

También es probable que una vez fijados a la cruz, los crucificados (*cruciarii*) fuesen sometidos a varios tipos de tortura, cada uno a una diferente, como señala un fragmento de Séneca escrito hacia el mismo tiempo que el anuncio de Pompeya y el grafito de Pozzuoli. Ese fragmento de Séneca también indica que el tipo de crucifixión que tradicionalmente entendemos hoy (la de Cristo, con los brazos fijos al madero horizontal —*patibulum*— y los pies al madero vertical —*stipes*—) no era la única usada en los anfiteatros, sino que también empleaban tipos más contundentes, que producían la muerte más rápido.

> SÉNECA, *Ad Marciam*, 20.3: «Allá veo cruces de muchos géneros, que varían según el capricho de los verdugos. Este pone cabeza abajo a los que cuelga, ese los empala en el *stipes* por el ano, aquel les extiende los brazos en el *patibulum*. Veo cuerdas, veo látigos, y para cada miembro, para cada articulación, un instrumento de tortura».

En el caso del empalamiento en el *stipes* citado por Séneca, es evidente que la muerte ocurría mucho antes que con la crucifixión tradicional (el empalamiento era castigo frecuente entre los romanos a finales de la república y principios del imperio: por ejemplo, Augusto empaló a todos los esclavos que habían luchado en el bando de Sexto Pompeyo y carecían de amo conocido [los que tenían amos fueron enviados a estos para que les castigasen según su voluntad, Dión Casio 49.12.4]).

A este respecto hay que decir que el grafito de *Alcimilla* muestra a esta crucificada como Cristo.

El texto de Séneca (y otras fuentes) muestra que usaban varios tipos de cruz: la *crux simplex* (solo el palo vertical), la *commissa* (T), la *immissa* (†), la *bifidata* (Y), la *decusata* (X), o la *inversa* (la de san Pedro), entre otras variantes. De todas ellas, según muestran las fuentes visuales, la más usual era la *commissa* (T, es la mostrada en el grafito de *Alcimilla*), por ser la de construcción más fácil (el palo horizontal era montado directamente sobre el vertical).

Igualmente, todas las fuentes visuales romanas muestran a los crucificados desnudos (aunque el grafito de *Alcimilla* es muy esquemático, las líneas sobre el cuerpo parecen ser marcas de latigazos, lógicamente sobre la piel, lo que confirma que está desnuda), ya dijimos que la humillación de la desnudez pública era unida a la pena.

Ninguna fuente visual o escrita muestra o señala la disposición de las cruces en la arena. Suponemos que levantaban las cruces en el perímetro de la arena, para que los espectadores pudieran ver mejor a los crucificados y también para dejar la arena libre para otros espectáculos de los *ludi meridiani*. Finalmente, una vez muerto el crucificado, se retiraría la fiera (o los torturadores), el cadáver y la cruz, dejando así la arena libre de obstáculos, lista para los combates de gladiadores (la atracción de la tarde).

Estas penas tan atroces se aplicaban solo (salvo excepciones) a los elementos más bajos de la escala social, a aquellos que no poseían la ciudadanía romana y que se encontraban en la pobreza y la miseria, es decir, individuos por los que nadie sentía ninguna estima y por los que en consecuencia nadie iba a interceder. En otras palabras, los candidatos perfectos para «protagonizar» esos entretenimientos.

Puella gaditana, recreación moderna.
Lidia Corral Cano, Purchena, julio 2022.

24. *Puellae gaditanae*: las chicas andaluzas que perreaban a los gladiadores, la motivación del gladiador

Año: del 108 aC al 438 (del 646 al 1191 de la fundación de Roma)
Lugar: Roma
Tipo de espectáculo: *gladiatura*

La vida del gladiador no era todo brutalidad, violencia y sangre, sino que cuando no estaba haciendo eso (en la arena o en el *ludus*, entrenando), se dedicaba a las mujeres. Su fama de mujeriegos era proverbial, todas las fuentes coinciden en ello, y sin duda era bien merecida. Quizá fuese solo por ello que podían soportar esa existencia, en la que se jugaban la vida cada día.

O al revés: jugarte la vida a diario, con el subidón de adrenalina que producía, en esos hombres jóvenes y fuertes, super-entrenados, dispararía la libido.

Ya vimos la historia de *Sabinus* con Mesalina (cap.10), y Juvenal cuenta la de otro con la mujer de un senador. Como vemos, no ponían tope a sus ambiciones: ya fuese la esposa de un senador o la emperatriz misma, un gladiador nunca consideraba que la dama estuviese por encima de sus posibilidades.

Pero, lógicamente, las mujeres con las que más frecuentemente intimaban eran las de su mismo nivel social, humilde.

Y de esas, las reinas eran las *puellae gaditanae*, las chicas gaditanas.

El término surgió porque al inicio eran ciertamente chicas de *Gades* (actual Cádiz), al menos embarcadas ahí (el principal puerto peninsular de la época), que por sus increíbles dotes bailando las llevaban de gira por todo el Mediterráneo (por primera vez hacia el 108 aC).

Fueron un éxito, porque la sensualidad de su baile cautivaba a todos, junto a la belleza, gracia y salero propios de la mujer andaluza.

La demanda se disparó de inmediato, y para satisfacerla, como ya no había bastantes con las de *Gades*, pronto eran ya chicas de toda la *Baetica* (actual Andalucía), pues en toda ella se practicaba ese baile, tocando las castañuelas (*crustamata*, literalmente «conchas, costras»): el baile era de origen íbero, concretamente bastitano, uno de los principales pueblos íberos de la península (los bastitanos), cuyo territorio se extendía de Málaga a Alicante, siendo su capital *Basti*, la actual Baza (donde se halló la Dama de Baza, la principal escultura íbera, hoy en el MAN de Madrid).

Así, el término *puellae baeticae* (chicas béticas, andaluzas) sería más preciso, aunque los romanos siguieron llamándolas por el nombre original.

En Roma las *puellae gaditanae* actuaban en todo tipo de eventos, contratadas por los ricos de Roma, desde banquetes privados hasta fiestas en la corte.

Uno de esos eventos era la *cena libera*.

La *cena libera* era el banquete que se daba el día antes del *munus*. Tenía la misma función que hoy el pesaje de los boxeadores o luchadores antes del combate: reunir a la gente interesada y permitirles ver de cerca a los luchadores, para poder afinar sus apuestas y aumentar la expectación por el combate. Se ofrecía un banquete para todos (*cena libera* significa literalmente «banquete de libre acceso», podía ir quien quisiera), y había actuaciones y bailes.

> PLUTARCO, *Moralia*, 1099b: «los gladiadores … son enteramente bestias … antes de entrar a la arena, caras viandas se disponen ante ellos … y son capaces de satisfacer su apetito».

No solo el apetito de comer tenían el cuajo de satisfacer la noche antes de jugarse la vida en la arena, sino que el baile de las *puellae gaditanae* «levantaba» en ellos otros apetitos, que sin duda también satisfacían entonces, probablemente con más apremio, pues podía ser su última noche de vida.

Las fuentes de la época describen lo mucho que excitaba su baile:

> MARCIAL, *Epigrammata*, 6.71: «se mueve sensualmente al son de las castañuelas béticas y baila al modo gaditano, excitaría a cualquiera … Teletusa abrasa y atormenta».

> MARCIAL, *Epigrammata*, 14.203: «se contonea tan agitada y voluptuosamente que pondría duro al más casto».

> *Priapeo*, 19: «Teletusa baila meneando el culo (*clunis*) y lo de arriba. Cuando se te arrime moviendo las caderas te empalmarás como Príapo (el dios romano de pene siempre erecto)».

> *Priapeo*, 27: «Quintia mueve sus vibrantes nalgas al son de sus címbalos y castañuelas, armas con las que nos calienta».

> JUVENAL, *Saturae*, 11.162-164: «cantan a coro licenciosas canciones de Cádiz y, animadas por los aplausos, bajan hasta el suelo meneando el culo».

Por la insistencia de las fuentes en el meneo del trasero, y bajando hasta al suelo, es obvio que el baile era una forma de perreo similar al que vemos hoy en cualquier discoteca (o en TikTok).

Como decían los romanos, «no hay nada nuevo bajo el sol» (*nihil novum sub sole*).

Evidentemente los gladiadores no necesitaban que les perrearan mucho para fijarse en una chica, así que tras verlas bailar ya estaría toda la historia servida, lista para planteamiento, nudo y desenlace.

Y con los gladiadores el desenlace era siempre el mismo, del cual alardeaban en los grafiti que garabateaban luego, como estos sobre los muros del *ludus* de Pompeya, los cuales probablemente harían referencia a alguna de esas ardientes *puellae gaditanae*.

> *CIL*, IV, 4342: «*suspirium puellarum.* | *Tr.* | *Celadus Oct. III* ꜿ *III*».
> el suspiro de las chicas, *thraex, Celadus Oct*(...) 3 victorias de 3 combates.

> *CIL*, IV, 4356: «*reti(arius) Cresces puparru domnus*».
> *retiarius Cresces* señor de las muñecas.

CIL, IV, 4353: «*Cresces retia(rius) puparum nocturnarum matti-narum aliarum ser[.]atinus [..] medicus*».
Cresces retiarius, «médico» de las chicas nocturnas, matinales y de todas las demás.

«El gladiador herido reniega de la lucha, pero [pronto]
olvida su antigua herida y de nuevo coge el arma»

«*saucius eiurat pugnam gladiator, et idem
inmemor antiqui vulneris arma capit*»

Ovidio, *Ex Ponto*, 1.5.37-38

25. *Maximus*, la última estrella de la gladiatura

Año: hacia el 438 (1191 de la fundación de Roma)
Lugar: Circo Máximo y Coliseo
Tipo de espectáculo: *gladiatura*

Roma en las primeras décadas del siglo V tenía ya poco que ver con la urbe que había sido en la época de esplendor de los siglos I y II. Para entonces, el imperio estaba ya dividido en dos mitades, y el emperador de la mitad occidental ni siquiera residía en Roma, sino en Rávena. Además, en 410 un emperador incapaz y una estructura gubernamental ineficiente habían hecho posible lo inconcebible, que Roma fuese saqueada. Alarico, tras tener a la ciudad sitiada durante meses, entró en ella con su horda de godos y arrambló con casi todo durante tres días (24, 25 y 26 de agosto): robaron cuanto pudieron, violaron cuanto quisieron (ninguna mujer joven se salvó, ni las monjas), profanaron los mausoleos de Augusto y de Adriano pisoteando las cenizas de los emperadores que ahí descansaban y quemaron varios edificios.

Más de 100.000 violaciones en tres días

Las calamidades configuran el carácter de la época en la que ocurren, y sin duda el saqueo de 410, y su hecatombe de violaciones, conformaron la Roma de las siguientes tres décadas, las últimas de la gladiatura.

De pronto un día entra en la ciudad más poderosa del orbe un ejército de 40.000 bárbaros, y todo el sistema y orden social en el que viven sus gentes, especialmente sus mujeres, ya sean cristianas o no, se viene abajo. Ante eso, lógicamente, los cristianos pensaron que el Apocalipsis había comenzado, y que la Segunda Venida de Cristo a la tierra estaba próxima, para fundar su ciudad de Dios.[33] En cualquier caso, ya fuesen cristianos o no, esa subversión del orden establecido, esa caída del sistema, que se demostró ineficiente, hizo que inevitablemente todos se cuestionaran todo, desde los valores de esa sociedad hasta sus instituciones tradicionales (una de las cuales era la gladiatura).

Ni los dioses de Roma ni el Dios cristiano habían protegido a los habitantes de la Urbe, especialmente a las mujeres: una horda de godos había entrado en sus casas y las habían violado sin parar durante tres días. Toda la hez de las tierras bárbaras, hombres de aspecto extraño y fiero, que olían a rayos, se habían metido entre sus piernas durante 72 horas.

Las mujeres de Roma necesitaban una explicación, y consuelo, y no lo encontraban por ningún lado.

Para dárselo (ya que el número de mujeres violadas durante el saqueo fue tan grandísimo), san Agustín escribió su libro *De civitate dei* (*La ciudad de Dios*) como consolación a todas ellas, para aliviarlas emocional y espiritualmente, concluyendo que el mal existe y que a la gente buena también le pasan cosas malas.

No sabemos cómo de reconfortadas se sintieron las romanas violadas con esas palabras de san Agustín, pues la escala

---

33 *Apocalipsis*, 21.1-2.

de la tragedia fue, ciertamente, de dimensiones bíblicas, o apocalípticas.

Los números son elocuentes.

Alarico entró con 40.000 hombres en Roma, donde había entonces 800.000 personas. De esas la mitad serían mujeres (400.000) y, según la demografía de la época,[34] de esas el grupo entre 15 y 40 años (que era el blanco de las violaciones, según recogen las fuentes) eran 72.000 mujeres. Es decir, tocaron a casi dos mujeres por godo, lo que pudieron hacer perfectamente en un día, así que en los tres días que estuvieron en Roma muchas fueron violadas varias veces, y probablemente algunas del grupo de 40-50 años también fueron violadas.[35]

---

34   En la Antigua Roma, como en todas las sociedades preindustriales, el 50 % de la población eran menores de 15 años, y el 18% menores de 40 años.

35   Hay que tener en cuenta que una mujer de 40 años de entonces no era una mujer de 40 años de hoy. Por ejemplo, Faustina, esposa de Marco Aurelio y madre de Cómodo, nacida en 130, tuvo su primer hijo en 147 (con 17 años). Su 14º y último hijo lo parió a los 40 años. Faustina no era una excepción, sino la norma: como en toda sociedad preindustrial (sin anticonceptivos) las mujeres pasaban toda su vida fértil encadenando embarazos, hasta que morían por complicaciones en alguno de los partos. Sólo unas pocas afortunadas alcanzaban la menopausia, como Faustina, aumentando entonces su esperanza de vida (pues ya no tenían el peligro de morir pariendo, que era la primera causa de muerte en las mujeres en edad fértil). Pero Faustina tampoco pudo disfrutar mucho de la menopausia, pues murió con 45 años.

Así, las pocas mujeres que llegaban a los 40 años, tras más de diez embarazos (algunas más de 20 según las fuentes), no eran el ideal de belleza que buscaban los godos que entraron en la ciudad (en su mayoría de entre 18-35 años). Hay que añadir que no existía entonces higiene bucal, por lo que casi ninguna mujer conservaba todos sus dientes después de los 30 años, y solían perder los primeros por caries entre los 16-20 años.

Un cálculo más fiable es el basado en el número de godos: si eran 40.000 hombres, y estuvieron en Roma tres días, calculando que cada día cada uno de ellos cometiera una violación (una estimación amable) el total serían 120.000 violaciones. Una estimación más realista según otros expertos es multiplicar esa cifra por tres: 320.000 violaciones en total… evidentemente a varias las violaron repetidamente durante los tres días.

Una de esas mujeres repetidamente violada fue la monja novicia Principia, una adolescente, cuya violación recoge San Jerónimo (quien tradujo la Biblia al latín) en una carta que escribe a la propia Principia para consolarla, recordándole cómo santa Marcela, de 85 años, su monja tutora, trató de protegerla santamente de la lascivia goda.

> JERÓNIMO, *Epistula* 127.13: «*sed hoc lacrimis, hoc pedibus eorum egisse prostratam, ne te a suo consortio separarent, ne sustineret adulescentia quod senilis aetas timere non poterat*».
> llorando se postró a los pies de ellos suplicándoles que no te separasen de ella, ni que tu adolescencia tuviese que soportar lo que su edad senil no podía temer.

A Marcela la molieron a palos mientras que a Principia la violaron durante los tres días. Marcela murió unos días después, por las fracturas.

Como muestran los testimonios, y las cifras, fue una de las mayores violaciones en masa de la historia.

Los godos abandonaron la ciudad el 27 de agosto, pero ya habían dejado su regalo, y así nueve meses después, a finales de mayo de 411, las fuentes registran un boom de nacimientos en Roma: las mujeres violadas habían quedado embarazadas, pariendo entonces a miles de niños rubitos, de ojos azules, y enormes...[36]

36　Como muestran los esqueletos de la época, la talla media de los romanos de entonces (de los pueblos mediterráneos en general)

Una de esas madres fue Principia, y uno de esos niños (puede incluso que el propio hijo de Principia) pudo ser *Maximus*, que unos años después se convertiría en el último gran gladiador.

Roma tras el saqueo

Cuando años antes los emperadores se marcharon de Roma, la población de la ciudad ya se resintió, pues perdió importancia, aunque más grave aún fue el saqueo de Alarico, pues muchos habitantes murieron y otros huyeron de la ciudad para no volver jamás. En consecuencia, tras 410 la población de la ciudad bajó hasta los 200.000 habitantes (nada que ver con el millón que vivían en ella cuando César fue asesinado, o con el millón y medio de tiempos de Trajano).

El estado en el que se encontraba la gladiatura no era menos decadente. En esos inicios del siglo V Roma era ya la única ciudad del imperio (junto con probablemente Cartago) donde todavía se realizaban combates de gladiadores, aunque muy esporádicamente (durante los diez días de diciembre dedicados a la *editio quaestoria*, y no todos esos días, más alguna celebración improvisada en algún otro

---

era 1.65 los hombres, 1.55 las mujeres, mientras que los hombres del norte de Europa superaban el 1.80 (lo que explica en parte que los godos lograran derrotar a las tropas romanas y entrar en la ciudad, algo que Aníbal no consiguió 651 años antes con su ejército de cartagineses, tan bajitos como los romanos).

Evidentemente, con esos cuerpazos, los romanos de entonces sentían envidia de los godos (de los pueblos del norte de Europa en general) y por ello, por ejemplo, Eunapio (contemporáneo del saqueo), describe a los godos así: «sus cuerpos provocan desprecio en todos los que los ven, pues son demasiado altos y pesados (musculosos) … y porque están cincelados en la cintura, como los insectos que describe Aristóteles» (*Historia universal*, fr. 37 *FHG*). Lo de la cintura significa que se veían sus abdominales, a diferencia de los romanos de entonces, que eran unos barrigones.

Procopio también los describe, sin envidias: «todos son de piel blanca y rubia cabellera, altos, y agradables a la vista» (*Historia de las guerras*, 3.2).

mes). Con las escuelas imperiales de gladiadores cerradas en 399 por el emperador y con tan escasa celebración de *munera* al año (apenas diez días), un gladiador tenía poco trabajo con el que ganarse la vida, por lo que la mayoría abandonaron el oficio, buscando otros empleos con los que poder subsistir. El saqueo de Alarico no supuso una interrupción notable para la gladiatura, pues aunque durante los meses que duró el sitio de la ciudad no se celebró ningún combate, tan pronto terminó el saqueo y los godos abandonaron la Urbe esta intentó recuperar la normalidad cuanto antes, por lo que se ofrecería algún *munus* en los meses inmediatos (septiembre-octubre), y sin duda se celebrarían los combates de diciembre de ese año.

En general —en los años inmediatamente anteriores y posteriores al saqueo— cuando se organizaba un combate de gladiadores, por alguna de las pocas celebraciones oficiales ya señaladas que aún incluían tal espectáculo, el improvisado *editor*[37] buscaba a algún no menos improvisado *lanista* que reclutase al número suficiente de gladiadores para celebrar el evento. Podemos suponer que ese *lanista* tiraría de sus contactos para seleccionar a sus potenciales gladiadores, generalmente de entre los profesionales del hampa (guardaespaldas, matones, etc.), los únicos que por entonces sabrían usar armas y podrían ofrecer un combate más o menos realista, y por tanto interesante (ya no podía contratarse a soldados para luchar como gladiadores pues esto había sido prohibido en 357).

Por tanto, los gladiadores reclutados por los *lanistae* de esos años (400-430) no eran verdaderos gladiadores, profesionales a tiempo completo, sino individuos que dedicándose a otros trabajos luchaban en la arena esporádicamente, para completar sus ingresos.

---

37   *editor* (o *munerarius*): persona que daba (organizaba y pagaba) un *munus*.

Teniendo todo eso en cuenta, podemos hacernos una idea de cómo sería esa gladiatura 'agonizante' de las décadas de 410 a 430. Debido a lo poco que esos improvisados gladiadores practicaban su oficio, al decaimiento de las estructuras organizativas de la gladiatura (ya no había escuelas de gladiadores donde los formaran para luchar ni cuerpo de árbitros que velara por las reglas que había que observar durante el combate) y al bajo conocimiento (y por tanto exigencia) de los espectadores de la época, los combates serían por entonces meras peleas barriobajeras, con poco nivel técnico y escaso respeto a las reglas tradicionales. En ese contexto, nos resulta difícil pensar que alguien que tomaba parte en esos combates esporádicos, solo por ganarse un dinero extra, estuviese dispuesto a dejarse matar, por lo que muy probablemente en esa época ya pocos gladiadores recibirían el veredicto de muerte. El público ni pediría ni entendería eso (las actitudes habían cambiado ya mucho para esas primeras décadas del siglo V), y el vencido tampoco estaría dispuesto a aceptar semejante castigo (como sí lo aceptaban los gladiadores de la época dorada de la gladiatura, cap. 16). No obstante, Celio Aureliano, médico de esa época, ya vimos que habla de los gladiadores degollados (cuya sangre chupaban los epilépticos, cap. 14), por lo que aún debería darse en alguna ocasión tal veredicto.

Sin embargo, pese a lo muy casposa y mediocre que fuese esa gladiatura (que sin duda lo era), también es cierto que generó sus propios ídolos: todo combate tenía forzosamente un vencedor, y algunos dc csos campconcs dcbicron dc sumar un número suficiente de victorias como para ser aclamados por encima del resto.

Así, uno de esos gladiadores aclamados por los espectadores de la Roma de entonces fue *Maximus*, la última estrella de la gladiatura de la que tenemos noticia (la última cuyo nombre conocemos). Sabemos de él gracias a un grafito sobre plancha de mármol (*CIL*, VI, 37845b) hallado en Roma que lleva la inscripción «*Maxime bibas pater esarorum*», junto a la cual están grabados los dibujos de una *manica*[38] con un *galerus*[39], un tridente y dos puñales (todo ello el equipo propio del *retiarius*), más una palma (foto 148 de mi libro *Gladiadores*). Todo eso sugiere que el tal *Maximus* fue un *retiarius* vencedor (recibió la palma). La forma de las letras de la inscripción —junto a evidencias lingüísticas y arqueológicas— permiten datar esta en las primeras décadas del siglo V (aunque es imposible afinar más la fecha, que ya de por sí es bastante precisa). En cambio, interpretar el significado de la inscripción es más complejo. En general, el texto está repleto de faltas de ortografía y usa una jerga coloquial que se aleja del latín estándar de entonces (*e.g.* el de san Agustín y san Jerónimo vistos arriba), lo que ya nos indica el tipo de espectadores y seguidores que tenía la gladiatura de ese tiempo (desde luego ya no eran los cicerones, sénecas y plinios de la época dorada). Los expertos en epigrafía (como Gregori) proponen que «*bibas*» sería *vivas*, que «*pater*» significaría «el mejor de todos» (en efecto el «padre» de todos) y que «*esarorum*» podría ser aberración de *retiariorum*. Así, el significado sería posiblemente «Viva *Maximus*, el mejor de los *retiarii*».

Otra evidencia de la gladiatura de esa época, un contorniato (medalla conmemorativa) acuñado hacia el 429, puede ayudarnos a hacernos una idea aún más completa del aspecto que pudo tener ese tal *Maximus*. Dicho contorniato (foto 149) muestra en su reverso la imagen de un *retiarius* alzando victorioso su brazo derecho mientras que a sus pies yace el derrotado *secutor*. Sin duda se trata de uno de esos *retiarii* que, como *Maximus*, vencieron en esos años y levanta-

---

38   *manica*: protector de mano y brazo. Podía ser de tiras de cuero o de placas metálicas (entre la superficie de metal y la piel del brazo había un acolchamiento de cuero o tela).

39   *galerus* (o *spongia*): pieza metálica de armadura que protegía el hombro, región cuello-nuca y parte inferior de la cabeza del *retiarius*.

ron la admiración de la gente, e incluso podría tratarse del mismo *Maximus*.

La imagen es excelente, mostrando con bastante detalle cuál era el equipo de un *retiarius* de entonces: la mano y brazo izquierdos cubiertos por la *manica* (coronada con el *galerus*), por lo que se trata de un *retiarius* diestro (lanzaba la red con la mano derecha). En la mano izquierda sujeta el asta del tridente (en la parte superior distinguimos los tres dientes del tridente).

Igualmente, tras la cadera y pierna derechas asoma la red. Que esta se encuentre en esa posición no tiene sentido, pues estaría manteniéndose en pie sola, pero esto puede explicarse como licencia del artista para meter la red en la escena. Por lo demás, el *retiarius* lleva *subligaculum* (taparrabos) y *balteus* (cinturón).

En conclusión, el *retiarius* del contorniato muestra la imagen típica de ese tipo gladiatorio.

Respecto al *secutor*, que yace a sus pies, luce el equipo tradicional de ese tipo gladiatorio: *scutum* en brazo izquierdo, *ocrea* baja en tibia izquierda y el yelmo típico del *secutor* (vemos claramente la cresta redondeada y los dos agujeros para los ojos característicos del yelmo de *secutor*).

Que el *retiarius* alce en la mano derecha el puñal (*pugio*), el arma usada para degollar al vencido, nos indica que este está ya muerto (ya lo ha degollado el vencedor).

Resumiendo, la imagen de este contorniato muestra que la lucha entre *retiarius* y *secutor* era el tipo de combate gladiatorio que se daba en esos últimos años de la gladiatura. No existirían ya ningunos otros tipos gladiatorios (probablemente desde finales del siglo IV, cuando están documentados por última vez el *murmillo* y el *thraex*). Esto concuerda con la popularidad que la pareja *retiarius-secutor* tuvo en la gladiatura tardía (*e.g.* un siglo antes, el mosaico Borghese —hecho hacia el año 330— ya solo muestra también combates entre *retiarii* y *secutores*).

Otra imagen que tenemos de la gladiatura de esa época final es un contorniato acuñado en 434, cuyo reverso muestra la pista del *circus maximus* con la *spina* en medio (foto 152). En la parte superior de la imagen se está celebrando una *venatio* mientras que en la inferior vemos una pareja de lo que parecen ser gladiadores acometiéndose (ambos con escudos circulares y con el brazo derecho extendido, como para lanzar una jabalina). Como ya hemos dicho, por esa época no existiría ya ningún tipo gladiatorio que usase esas armas, por lo que se trataría de una imagen convencional tomada del pasado, usada para representar los combates de gladiadores que se celebrarían entonces (y que estarían protagonizados solo por *retiarii* y *secutores*, como ya hemos dicho).

Que esos gladiadores aparezcan en esa imagen del Circo Máximo plantea la cuestión de dónde se realizaban por entonces los combates gladiatorios. Antes de 429 el Coliseo se vino usando con total normalidad para la celebración de los *munera* (el saqueo de Alarico de 410 no dañó al edificio), por lo que sin duda nuestro *Maximus* debió de librar ahí varios de sus combates. En 429, sin embargo, un terremoto sacudió Roma, dañando gravemente el Coliseo (la grada y el muro que rodeaba la arena), y la reparación ocupó los siguientes nueve años.

Así, durante ese tiempo que estuvo cerrado el Coliseo (de 429 a 438) los *munera* tuvieron que celebrarse en el Circo Máximo, como muestra efectivamente el contorniato de 434. Así, si *Maximus* aún estaba en activo como gladiador después del terremoto de 429, también debió de luchar en la arena del Circo Máximo, algo que pocos gladiadores hicieron en la historia de Roma.

Sobre ese uso del Circo Máximo en esa época, cabe decir que dicho recinto había quedado totalmente desproporcionado con respecto a la población de la Roma de entonces, pues dado que tenía capacidad para 485.000 espectadores (tras su última ampliación en tiempos de Trajano), durante esos espectáculos del siglo V sus gradas ofrecerían una imagen desoladora, pues aunque hubiesen acudido como espectadores las 200.000 personas que vivían por entonces en la ciudad (algo que evidentemente nunca ocurrió), ni siquiera habrían podido ocupar la mitad de las localidades del recinto…

Contemplar el Circo Máximo así, medio vacío pese a que toda la ciudad estuviese ahí, debía de causar cierto sentimiento de melancolía y nostalgia a los espectadores, pues era el recordatorio visual de un pasado glorioso que se había ido para no volver, de lo que una vez había sido esa ciudad (en tiempos de Trajano esas mismas 485.000 localidades ni siquiera bastaban para acoger a un tercio de los habitantes, más de un millón se quedaban fuera).

Irónicamente, el Coliseo volvió a abrirse en 438, el año que suele darse como la fecha más probable para la desaparición de la gladiatura en Roma. Se da esa fecha porque sin duda su reapertura se celebró con un combate de gladiadores en su arena, organizado más por marcar tan señalada ocasión que por interés real de la población de la ciudad en dicho espectáculo. A nadie le importaba ya realmente la gladiatura, y por tanto no hay ninguna duda tampoco de que ese fue también el último combate de gladiadores… en el Coliseo, en Roma, y en toda la Antigüedad.

Tras ese día, nadie más volvería a plantear la cuestión ni la necesidad de contemplar una lucha de gladiadores, y desde entonces el colosal anfiteatro ya solo acogería *venationes* y ejecuciones.

Maximus quizá luchó en ese último combate del Coliseo (glorioso y decadente a la vez), y en ese caso podríamos deducir que si estaba en edad de combatir en ese año 438, perfectamente podría haber nacido en 411, podría haber sido uno de esos niños godos hijos de la violación. Tendría entonces 27 años cuando librara ese último combate, una edad aceptable para ser gladiador (registrada en muchas inscripciones gladiatorias), y dado que los gladiadores tenían físicos espectaculares (eran grandes y robustos, algo esencial para ganar en un deporte de combate sin límite de peso) ciertamente podría ser uno de esos niños godos (como vimos, los godos [nota 36] destacaban por su físico, y efectivamente las fuentes gladiatorias documentan frecuentemente a hombres de ascendencia germana, precisamente por esa ventaja física que tenían: ya vimos que *Sabinus* [cap. 10] quizá fuese germano, y los mosaicos [*e.g.* el Borghese] muestran a menudo gladiadores rubios y enormes, muy musculados [como Eunapio y Procopio describían a los godos, nota 36]).

Y si *Maximus* fue uno de esos niños godos, su madre podría haber sido perfectamente la monja novicia adolescente Principia, que el día de ese último combate tendría unos 42 años, y que si aún seguía viva quizá habría ido al Coliseo a ver luchar a su hijo, para rezar por él y que no le pasara nada, y ahí sentada en la grada del Coliseo, bajo el cielo de Roma, no dejaría de maravillarse de la voluntad de Dios, que había dispuesto que ella, una novicia de 15 años, que había decidido permanecer virgen, quedase embarazada. Se maravillaría menos, pero también, de que su hijo le hubiese salido tan luchador, pese a toda la educación cristiana que le habría dado, pues simplemente tendría la misma furia que su padre, cualquiera que hubiera sido este de los varios que la montaron esos tres días, y cuyos rostros habría olvidado haría ya mucho, si no fuera porque los vería cada vez que mirase a su hijo.

Y, con todo, estaría orgullosa de su hijo, segura de que era lo mejor que le había pasado en la vida, y —aunque una monja debe ser humilde— también se enorgullecería de que fuese tan grande y fuerte.[40]

Con semejante físico, *Maximus* vencería siempre, no moriría en la arena (aunque, como ya hemos dicho, para esa época los gladiadores probablemente ya casi nunca se matarían luchando).

---

40 Esta recreación de las impresiones que podría haber tenido Principia es un compendio de lo expresado por las mujeres que fueron madres tras ser violadas en el saqueo, conforme lo recogen Jerónimo y Agustín en sus escritos de consuelo a esas mujeres.

Sólo podemos imaginar qué pasaría por la cabeza de *Maximus* al terminar ese último combate sobre la arena del Coliseo, qué sintió ese día que la gladiatura, ese espectáculo en el que una vez había sido aclamado, dejó de celebrarse, ese día en el que los gladiadores pasaron a ser historia. Quizá en los años siguientes siguió yendo al Coliseo para contemplar como espectador las *venationes,* y ahí, sentado en las gradas, al escuchar las aclamaciones y vítores que los espectadores dedicaban a un *venator* triunfante, le vendrían a la mente los ecos del pasado, de cuando era él quien estaba abajo en la arena y era su nombre el que retumbaba en esos graderíos inmensos. Quizá entonces miraría a su alrededor, a esos espectadores que le rodeaban a uno y otro lado, y pensaría cuánto había cambiado el mundo en esos pocos años, cuán diferente había sido la Roma de su juventud con respecto a la de entonces.

Son muchas las cosas que nunca sabremos de *Maximus*, pero lo que sí sabemos con certeza es que una vez fue aclamado como el mejor de los *retiarii…* él, *Maximus*, la última estrella de la gladiatura.

«Un rugido descomunal acaba de oírse en la arena.
¿Quién no creería que se trata de una manada de leones?
Era uno solo, pero ante el cual temblarían hasta los mismos leones»

«Auditur … tantus in Ausonia fremuit modo terror harena.
Quis non esse gregem crederet. Unus erat
sed cuius tremerent ipsi quoque iura leones»

Marcial, *Epigrammata*, 8.55.1-7

26. Androcles y el león

Año: hacia el 14 (767 de la fundación de Roma)
Lugar: Circo Máximo, Roma
Tipo de espectáculo: *venatio*

Hoy no es el relinchar de los caballos, ni el crujir de las ruedas de las cuadrigas, ni el restallar de los látigos de los aurigas lo que suena sobre la pista inmensa del Circo Máximo, sino los rugidos de las fieras, pues el emperador está ofreciendo una gran *venatio.*

Las gradas acomodan a 150.000 personas (la capacidad del circo tras la última reforma, hecha por Augusto), entre ellas un tal Apión, un pedante llegado a Roma hace poco, que tiene por costumbre poner por escrito todo aquello que ve u oye que estima digno de mención, no tanto porque considere interesantes en sí tales hechos, sino principalmente por el placer que siente al mostrar a otros lo mucho que sabe y la gran cantidad de sitios en los que ha estado. Debemos por tanto agradecer a Apión y a su pedantería el conocer los hechos extraordinarios que se verán hoy en el Circo Máximo, pues de las decenas de miles de personas que los contemplarán junto a él, Apión será el único que al volver esta noche a su miserable morada decidirá tomarse la molestia de ponerlos por escrito.

Está por tanto Apión observando fascinado los cientos de bestias impresionantes que están saltando a la pista una tras otra, destacables todas por su enorme talla y ferocidad inusual, a cuál más extraña en su aspecto, cuando de pronto queda impactado por el monstruo que irrumpe en la arena, en solitario.

Sin duda están preparando una ejecución, pues han vaciado toda la pista y solo han dejado entrar a ese coloso del África, un león de un tamaño tan descomunal, de fauces tan atroces y de una melena tan frondosa que todos los espectadores se han quedado boquiabiertos. El animal avanza tranquilo sobre la arena —este no teme al estruendo del público— hasta llegar al medio de la pista, y sintiéndose señor de todo, como cuando estaba en su África natal, manda callar a todos lanzando un rugido tan potente, ronco y profundo que hiela la sangre a cuantos se encuentran en el circo.

Apión está ya compadeciendo al desgraciado que echen a ese prodigio de la naturaleza cuando se abre una de las puertas que dan a la pista y de ella sale un escuálido hombre, decrépito ejemplar de la especie humana, que avanza tímidamente, sin duda contra su voluntad.

Tan pronto el león ve al hombre desde lejos se queda parado, muy atento, como si estuviera sorprendido, e inmediatamente comienza a avanzar hacia él, lentamente y con tranquilidad.

'Los leones entrenados para matar suelen actuar así antes de abalanzarse sobre sus víctimas' piensa Apión, que está ya esperando el momento en que la bestia le arranque la cabeza al reo de un zarpazo.

Pero cuando llega junto al hombre, que para entonces está ya medio muerto de miedo, el felino comienza a mover la cola como si fuese un perrillo faldero, y le lame los pies y las manos. Al sentir el hombre la áspera lengua del león sobre su piel, abre los ojos —pues los había cerrado aterrorizado al ver a la fiera aproximarse—, y dejándose mimar por ella comienza a recuperar algo de color, pues se había quedado blanco de miedo.

Todo el circo retumba con un clamor de sorpresa, pues nadie puede creer lo que está viendo.

El hombre reúne ahora el valor suficiente para mirar al león a los ojos, y todo el mundo puede ver a hombre y felino intercambiar los más efusivos saludos, abrazos incluso, como dos amigos que tras mucho tiempo sin verse se reencuentran de nuevo.

Finalmente el león se echa a los pies del hombre, y ahí se queda, tranquilamente, agitando solo la cola, con la que acaricia a su amigo.

La gente comienza a preguntarse si es cosa de magia lo que están viendo, si quizás Androcles es capaz de hechizar a las fieras, por lo que para salir de dudas sueltan un leopardo. Como este se va hacia el hombre con intención de atacarle, el león se pone en pie delante de él, para defenderlo, y despedaza al leopardo.

Otro estruendo formidable sacude inmediatamente las gradas al ver eso, fruto del asombro lógico de la gente, que no sabe ya qué pensar. Entonces el emperador ordena que el hombre sea llevado inmediatamente ante él.

En seguida se abre la misma puerta de la arena que antes, y se hacen indicaciones al hombre para que se acerque. Este obedece y desaparece por la puerta, mientras que el león queda tan tranquilo, recostado sobre la arena.

Al poco rato el hombre aparece en el palco del emperador, custodiado por los soldados. Las miradas de todos los espectadores están clavadas en el palco.

El emperador le pregunta por qué ese león, el más fiero de cuantos se han visto, le perdona la vida. Entonces el hombre relata la historia más sorprendente y admirable.

Declara llamarse Androcles, y que es el esclavo de un senador. Continúa diciendo que encontrándose en África con su amo, pues este era gobernador de la provincia de África proconsular, decidió fugarse debido a los inmerecidos azotes que este le propinaba diariamente. Para no ser capturado evitaba las ciudades, yendo solo por lugares deshabitados y desiertos.

Un día, buscando resguardarse del sol inclemente, halló refugio en una cueva, en la que entró sin pensárselo dos veces, atraído por su frescor. Al poco tiempo entró también en ella el león en cuestión, pues esa era evidentemente su guarida, y se acercó a Androcles. Al ver el hombre a semejante fiera aproximarse a él quedó aterrorizado, pero entonces se dio cuenta de que el animal cojeaba de una pata, y que mediante gestos y ronroneos trataba de indicarle que le molestaba mucho. El león se acercó aún más, mansamente, y levantando la pata ante él le mostraba que le causaba mucho dolor, como pidiéndole ayuda. Entonces Androcles tomó la pata y sacó una astilla enorme que llevaba el león clavada en la planta, extrajo toda la pus que se había formado en el interior de la herida, limpió la sangre y lo secó todo cuidadosamente, no sintiendo ya ningún miedo.

Aliviado por fin el león del dolor que le había estado torturando durante días, dejó caer su zarpa sobre la mano de Androcles, se echó al suelo y se quedó dormido.

Cuando el león despertó se dispuso a pagar a Androcles por la asistencia médica que le había dispensado, y así le acogió en su cueva y le trajo comida, una presa que cazó. Y de esa manera continuaron desde aquel día: el león le traía la comida que cazaba, compartiéndola con él, y le dejaba incluso escoger las mejores partes. El león devoraba la carne cruda, como hacen los de su especie, mientras que Androcles la ponía al sol para secarla, y así la comía. De esa forma disfrutaban juntos de los placeres de la comida, ajustándose cada uno a sus gustos naturales.

Durante tres años vivió Androcles con el león, en la cueva, llevando ese tipo de vida, pero finalmente se hartó de una existencia tan salvaje, en buena parte porque empezó a sentir una gran picazón en el pelo, que le había crecido mucho en ese tiempo. Así, un día que el león había salido a cazar aprovechó para marcharse.

Cerca de tres días estuvo caminando Androcles, hasta que finalmente fue descubierto por los soldados, quienes le capturaron y, averiguando su identidad, lo enviaron a Roma, donde se encontraba por entonces su amo. Este hizo juzgar a su esclavo, que resultó condenado a morir arrojado a las fieras.

Cuando Androcles termina de contar todo eso al emperador, añade que al ver al león en la arena del circo no lo reconoció al principio, pero que tras las muestras de afecto de este, que evidentemente sí le había reconocido en el acto, supo que se trataba de su amigo el león. Androcles dice al emperador que supone que el león debió de haber sido capturado poco después que él, y enviado también a Roma para los espectáculos.

Al oír el emperador semejante historia, y viendo que todos los ojos del circo están puestos en el palco que ocupa, en espera de una explicación, ordena que la historia sea escrita en un cartelón (*tabula*) y que este se haga circular inmediatamente por entre las gradas, para que así la gente pueda conocer todos los detalles.

Tan pronto conocen los espectadores la historia, todos piden que Androcles sea liberado y que el león le sea dado como regalo.

Así se hace, y al terminar ese día de juegos Apión ya tiene una nueva historia que escribir.

Después de ese día Apión permaneció en Roma varios meses, durante los cuales se encontró a menudo con Androcles paseando por las calles con el león, al que llevaba atado con una correa. Dice Apión que la gente le daba dinero a Androcles, mientras que al león le echaban flores, y todo el mundo que se encontraba con ellos exclamaba «Este es el león que hospedó a un hombre, este es el hombre que fue médico de un león» («*Hic est leo hospes hominis, hic est homo medicus leonis*»).

El relato original escrito por Apión se perdió, pero lo conocemos gracias a que otros dos autores lo copiaron en sus obras. El primero de esos autores fue Aulo Gelio, quien hacia el 160 escribe su obra *Noctes atticae*, en cuyo libro 5 capítulo 14 incluye la historia de Androcles, «según lo visto y escrito por Apión». El segundo autor fue Claudio Eliano, quien hacia el año 200 escribió (en griego) su obra *Historia de los animales*, en cuyo libro 7 capítulo 48 recoge la historia de Androcles, parece que también copiándola del relato original de Apión, aunque Eliano no dice nada al respecto, presentando la historia directamente.

No obstante, parece evidente que Eliano también basó su versión en el relato original de Apión, pues su versión incluye detalles (como el enfrentamiento entre el león y el leopardo) que no están presentes en la versión de Gelio, y que parecen tener mucha coherencia con los hechos reales que debió de contemplar Apión. Del mismo modo, aunque la versión de Eliano es más corta que la de Gelio, parece ser más realista, por ejemplo al narrar la historia en su orden cronológico (empieza en África y termina en el circo) o al señalar que el motivo para abandonar la cueva del león fue la «picazón» en el pelo (parásitos), por lo que evidentemente no usó como fuente (o no exclusivamente) la versión de Gelio (que empieza en el circo, hace una analepsis a los hechos de África, y vuelve al circo, tal y como la he presentado aquí, y que no dice nada del pelo ni de picazones).

Por su parte, la versión de Gelio, al ser más extensa, es más rica en detalles. Señala, por ejemplo, que el espectáculo tiene lugar en el Circo Máximo (Eliano solo usa el término genérico «teatro» [θεάτρῳ], que los autores griegos solían usar para referirse en general a cualquier recinto para ver espectáculos), lo cual es un detalle muy verosímil, pues en efecto sabemos que las grandes *venationes* —como la descrita en ese relato— solían celebrarse en el Circo Máximo. Indica igualmente Gelio el motivo por el que Androcles huye de su amo («inmerecidos azotes»), y narra con más detalle la extracción de la astilla y la manera en que Androcles secaba la carne que se comía («al sol del mediodía, porque no tenía medios para hacer fuego», mientras que Eliano solo dice que «cocinaba» [ὄπτα] la carne).

Señala también Gelio el medio por el cual el emperador difunde entre los espectadores la historia narrada por Androcles, mediante una *tabula* (tabla, cartelón), lo que efectivamente sabemos que era el método habitual de comunicar mensajes a la gente en los recintos de espectáculo (Eliano no especifica el método, solo dice que «el rumor se extendió entre la multitud»).

Todas estas divergencias entre una y otra versión no significa que una contenga datos inventados y la otra no, sino simplemente que cada autor incluyó en su versión detalles del relato de Apión que el otro autor decidió dejar fuera (*e.g.* Gelio incluye la mención al circo y a la tabla, mientras que Eliano decidió no incluirlos, citando en cambio la picazón y el episodio del leopardo). Así, gracias a ambas versiones tenemos una imagen más completa de cómo debió de ser el relato original de Apión, lo que él vio en el circo. Esta versión reconstruida del relato de Apión, integrando las informaciones aportadas tanto por Gelio como por Eliano, es la que he presentado arriba.

En cualquier caso, si bien es posible desvelar algunos detalles poco claros de la historia mediante el estudio comparado de las versiones de Gelio y de Eliano (como que la acción tiene lugar en el Circo Máximo), hay otros detalles que no se especifican en ninguna de las dos versiones, por lo que tenemos que tratar de desvelarlos a partir de lo que sabemos de la vida del propio Apión. El más destacable de todos es que ni Gelio ni Eliano mencionan el nombre del emperador que presidía el espectáculo (ambos solo se refieren una vez a él, Gelio con la expresión genérica «*caesar*» y Eliano con la aún más imprecisa «el hombre que estaba dando los espectáculos»).

Que ninguno de los dos mencione el nombre del emperador quiere decir probablemente que en el relato original de Apión tampoco figuraba ese dato. Sin embargo, a partir de lo que sabemos de la biografía de Apión y de la actitud de los emperadores de su tiempo hacia los espectáculos podemos tratar de adivinar de qué emperador se trata. Sabemos que Apión nació hacia el 20 aC en Egipto, y que la primera vez que pisó Roma fue hacia el final del reinado de Augusto (probablemente hacia el año 10-14). Por tanto, el episodio de Androcles en el circo podría ser perfectamente una de las varias *venationes* que Augusto dice haber dado en el Circo Máximo durante su reinado (*Res gestae*, 22).

Apión también viajó a Roma durante el reinado de Tiberio, y el de Calígula, y vivió allí de forma estable durante los primeros años del reinado de Claudio (Apión murió hacia el 45-48), pero ninguno de esos emperadores parece encajar con la historia de Androcles. Sobre Tiberio, sabemos que cuando llegó al trono se abstuvo de dar espectáculos, por lo que no hay documentada ninguna *venatio* de esas dimensiones en su reinado. Respecto a Calígula, tampoco sabemos de ninguna *venatio* suya en el Circo Máximo, pero sobre todo el comportamiento magnánimo y generoso del emperador de la historia (que pregunta personalmente a Androcles y luego lo libera y le regala además el león) no encaja con la personalidad de Calígula (que probablemente habría actuado de manera muy distinta). En cuanto a Claudio, tampoco sabemos de grandes *venationes* dadas por este emperador, y menos aún en el Circo Máximo, aunque lo más importante parece ser que para cuando Claudio llega al trono, en el año 41, Apión tenía ya más de 60 años, y parece que para entonces ya había escrito sus obras hacía tiempo.

Por tanto, lo más probable es que el episodio de Androcles en el circo ocurriese hacia el año 10-14, siendo en consecuencia Augusto el emperador que presidía el espectáculo.

He querido concluir el libro con esta historia porque de todas las que lo componen, es la que tiene un mejor final, probablemente porque es la única en la que un animal es el verdadero protagonista… en una época en la que el hombre era lobo para el hombre, quizá solo un animal podía dar una lección de humanidad.

Epílogo

Como hemos visto, de todos los espectáculos que se ofrecían en el anfiteatro, la lucha de gladiadores era el menos violento, y el menos letal. Por la mañana las *venationes* podían terminar con la muerte de *venatores* despedazados por las fieras —y con la muerte de estas— y a mediodía las ejecuciones acababan con todos los condenados muertos, de forma atroz. Por la tarde, sin embargo, las luchas de gladiadores se libraban respetando un reglamento, cuyo cumplimiento supervisaban dos árbitros, y solo causaban la muerte en uno de cada cinco combates, y esta era casi siempre administrada de modo bastante 'limpio' (en comparación con las muertes espantosas en las *venationes* y ejecuciones): un tajo en la garganta, cortando la médula (apuntillados) o atravesando el corazón.

Tras todas las historias que hemos visto, no podemos saber realmente si los espectadores que las contemplaron adquirieron más valor para hacer frente a la muerte, y si se encontraban más preparados para cuando les tocase afrontar ese momento. Probablemente dependería de cada persona, al igual que cada lector habrá llegado a su propia conclusión. En cualquier caso, es evidente que leer las crónicas de esas carnicerías tiene que tener poco que ver con lo que sería verlas *in situ*, y con las emociones que causarían.

Así, la mejor manera de terminar quizá sea reproduciendo lo que Séneca concluyó al respecto. Tras los muchos espectáculos anfiteatrales a los que asistió, extrajo las siguientes enseñanzas de la arena.

SÉNECA, *De tranquillitate animi* (*Sobre la tranquilidad del alma*), 11.4-6: «Volver allá de donde venimos (morir), ¿qué tiene de malo? Mal vivirá quien no sepa morir bien (quien tema a la muerte). … odiamos a los gladiadores que por todos los medios tratan de salvar la vida en el combate, y por eso los condenamos a muerte. En cambio, nos caen bien los que la desprecian (la vida), y por eso los indultamos. Lo mismo nos sucede a nosotros en la vida real, pues a menudo la causa de nuestra muerte es el miedo que tenemos a morir, porque la diosa Fortuna juega con nosotros como si estuviésemos en un combate de gladiadores. Ella dice "¿Por qué debo indultarte a ti que temes morir? Con heridas y puñaladas mayores te castigaré precisamente porque temes mostrar el cuello a la espada. Pero a ti que no apartas el cuello de la espada ni interpones las manos, sino que estás dispuesto a morir, te concederé una vida más larga y una muerte más rápida". Quien tema a la muerte no hará hazaña de hombre vivo (no hará nada de provecho en esta vida)…»

Es decir, para Séneca ver morir a los gladiadores voluntariamente y sin temor a la muerte le resultaba relajante, pues tranquilizaba su alma, la ansiedad que sentía hacia la muerte: si el gladiador no tiene nada que temer en la muerte ¿por qué habría de tener yo ese temor? Así, el espíritu de Séneca salía fortalecido, pues libre de ese temor podía encarar la muerte sin miedo, con valentía. Y libre de ese miedo podía centrarse en realizar las cosas propias de la vida («las hazañas de hombre vivo»), pues a menudo un excesivo miedo a la muerte incapacita a la persona que lo sufre para disfrutar plenamente de la vida, para desarrollar una vida satisfactoria, pues vivir implica una cierta cantidad de riesgo, y hay que estar dispuesto a asumirlo —como el gladiador que en la arena lucha despreocupado de su vida, centrado así únicamente en su objetivo de alcanzar la victoria. Si no tenemos miedos en nuestra vida podemos centrar todas nuestras fuerzas en los objetivos que tenemos en la vida, en ser felices, ese es el mensaje de Séneca en este fragmento.

Para un estoico (como Séneca) lo malo no era la muerte, sino el miedo a la muerte, porque incapacita. Los gladiadores enseñaban a la gente cómo superar ese miedo, cuál debía ser la actitud correcta, y ahí estaba lo valioso del combate gladiatorio, su valor pedagógico, que Séneca, Cicerón y tantos otros reconocieron.

En esencia, podemos resumirlo en una frase (con la que comenzamos este libro en el prólogo, pero completándola ahora positivamente con la interpretación de Séneca): la vida es como un combate de gladiadores, ocúpate en lograr tus objetivos, no en preocuparte por la muerte, pues morir vas a morir de todos modos.

> SÉNECA, *Epistulae*, 37.2-3: «*sine missione nascimur. "Quomodo ergo" inquis "me expediam". Effugere non potes necessitates, potes vincere*».
> Nacemos sin posibilidad de indulto. "¿Cómo puedo entonces" preguntas "escapar?". No puedes escapar a las imposiciones de la vida (el morir), pero puedes vencer.

Es decir, no podemos escapar a la muerte que impone nuestra vida mortal, pero sí podemos hacer que esa vida sea victoriosa, podemos luchar por tener una vida plena.

Esa es la victoria del hombre en este mundo, no hay otra, ese es el sentido de la vida humana.

BIBLIOGRAFÍA

Bibliografía del autor sobre gladiatura y espectáculos anfiteatrales

2023: Mañas, A. «Elementos del deporte griego en la gladiatura romana», *Revista de Estudios Clásicos*, 164, 237-266.

2023: Mañas, A. «*Retiarius*: el rey de los gladiadores», *La Aventura de la Historia*, 293 (marzo), 51-56.

2022: Mañas, A. «Mujeres gladiadoras: explotación y feminismo en la arena», *La Aventura de la Historia*, 281 (marzo), 20-25.

2017: Mañas, A. «Was *Pontarii* Fighting the Origin of the Gladiator-type *Retiarius*? An Analysis of the Evidence», *The International Journal of the History of Sport*, 34, 15, 1655-1673.

2017: Mañas, A. «The Mysterious Crescent-Shaped Amphitheatre Weapon: A New Interpretation», *The International Journal of the History of Sport*, 34, 7-8, 656-675.

2016: Mañas, A. «Evolution of the *retiarius* fighting technique: abandoning the net», *The International Journal of the History of Sport*, 33, 6-7, 704-733.

2013: Mañas, A. *Gladiadores: el gran espectáculo de Roma.* Ariel-Planeta, Barcelona, 512 pp.

2011: Mañas, A. «New evidence of female gladiators: the bronze statuette at the Museum für Kunst und Gewerbe of Hamburg», *The International Journal of the History of Sport*, 28, 18, 2726-2752.

2011: Manas, A. *Munera gladiatoria; origen del deporte espectáculo de masas.* Tesis doctoral con mención europea. Sobresaliente *cum laude*.

2009: Mañas, A. *El deporte gladiatorio: origen del deporte espectáculo de masas.* Tesina. Sobresaliente.

2008: Mañas, A. *Luchas de gladiadores: origen del deporte espectáculo.* Trabajo de investigación becado.

Para ver la bibliografía completa (reseñas, etc.) consultar su perfil en Academia.edu:

https://berkeley.academia.edu/AlfonsoManas

Documentales de TV en los que ha participado el autor

2020: «Escuela de gladiadores», *Arqueomanía*. Emitido en TVE (La 2).

https://www.rtve.es/play/videos/arqueomania/arqueomania-escuela-gladiadores/5600249/

2018: «Juegos Moriscos», documental sobre los Juegos Moriscos de Abén Humeya, que se celebran en Purchena. Emitido en Canal Sur.

https://www.ocholobos.com/historia-de-los-juegos-moriscos-de-purchena/

Repercusión del trabajo del autor en medios internacionales

2012: National Geographic:

https://www.nationalgeographic.com/culture/article/120419-female-gladiator-statue-topless-science-ancient-rome

2012: Fox:

https://www.foxnews.com/science/rare-ancient-statue-depicts-topless-female-gladiator

2012: NBC:

https://www.nbcnews.com/id/wbna47088229#.XATrsttKjcs

Entrevistas al autor

2020: en Radio Nacional de España, programa *Mitos del deporte* (sobre gladiatura), entrevistado por José Antonio García (el Ciudadano García).

https://www.rtve.es/play/audios/mitos-del-deporte/mitos-del-deporte-gladiadores-22-06-20/5604383/

2020: en la página web Lucius Spiculus, entrevistado por Javier Romay.

https://www.lucius-spiculus.com/alfonso-manas/

2014: en Radio Nacional de España, programa *La noche en vela*, sección *Paseo por la historia* (sobre gladiatura), entrevistado por Jorge Iglesias.

https://www.rtve.es/play/audios/la-noche-en-vela/noche-vela-paseo-historia-gladiadores/2502134/

AGRADECIMIENTOS

A mi amigo Javi Arques.

A Celia Wallhead, my English mom.

A Manuel Pimentel, fundador y presidente de Almuzara, y a Rosa García Perea, responsable de la presente edición.

A la Universidad de Berkeley (California) y su excelente grupo de investigación de Historia del Deporte, al que pertenezco, y a *The International Journal of the History of Sport*, la revista académica de Historia del Deporte más prestigiosa del mundo, de la que soy consejero editorial y revisor. Ambas me han dado todo su apoyo para realizar este libro, que es, ante todo, un libro de Historia del Deporte, en su más pura esencia, con un enfoque fresco y moderno, para llegar a la gente de hoy.

Como demostré en mi trabajo de investigación (2008), tesina (2009) y tesis doctoral (2011), la gladiatura fue el primer deporte espectáculo de masas de la historia.

A Steven Ross Murray, por tu pasión por la gladiatura, y el deporte.

A Marcus Junkelmann, Gian Luca Gregori, Michael Carter, François Gilbert, Eric Teyssier, Brice Lopez, Olaf Kueppers, Svenja Grosser, Niccolò Arcangeli. Todos aportáis a la investigación gladiatoria, y vuestra ayuda y amistad han contribuido a este libro.

A Fernando García Romero, el mayor experto mundial en deporte griego. Por tu ayuda con los textos griegos, y por estos ya 11 años siendo amigos: cuando aún no nos conocíamos, fuiste de los primeros en felicitarme por la publicación de mi libro *Gladiadores*, de Ariel-Planeta, en 2013, y desde entonces siempre he disfrutado de tu amistad, y de tu entusiasmo incansable compartiendo tu sabiduría conmigo en todos estos temas que nos apasionan.

A Fernando Barriales, un evergeta de hoy, y el mayor experto de España en recreación de vestuario gladiatorio. A Javier Romay, cuya labor de fomento de la gladiatura (y el deporte griego) en el ámbito de la recreación no tiene igual en España, con tus proyectos *Lucius Spiculus* y *Agón*. A Juan Tranche, por narrar como nadie el mundo de la gladiatura en tus novelas: *Spiculus* (2021) y *Gladiadoras* (2022). Con Fernando y Javier me une una amistad de ya 10 años (nos conocimos en Astorga 2014), y con Juan de 5 (Lugo 2019).

A Javier Rivera Márquez, por todos esos viajes épicos compartidos (Alicante'22, Mérida'23), y por muchos más. Por el anfiteatro de Cádiz, que algún día exhumarás.

A Daniel Sánchez Muñoz, por descubrirme cómo sería la música que sonaba en los anfiteatros.

A Roberto Pastrana, por enviarme textos sobre el rinoceronte de Lisboa, y por tus entrevistas en el blog *Tabula*, el mejor blog sobre antigüedad en español. A Aránzazu Monteagudo (alias Sasu Bonadea) y Beatriz Pelayo, por vuestra amabilidad atendiendo consultas.

A David Temprano y Luis Valleaguado, creadores de *Gladiatoris*, el juego de tablero que mejor recrea la arena, y con el que tan buenos ratos pasamos jugando.

A Alejandro Olmedo, por el espectacular dibujo de la portada.

A José Corrochano, director y CEO de Viajes Iverem, la mejor empresa de viajes arqueológicos con guías especialistas en cada destino. Yo soy el guía de los viajes sobre anfiteatros y gladiadores, de los que tenemos una amplia oferta de tours (anfiteatros de Italia, Hispania, exposiciones, etc.)[41].

Al Ciudadano García, Jorge Iglesias, Jacinto Antón, Ariel Gómez y Francisco García Campa, mis queridos periodistas, que tan bien divulgáis mi trabajo.

A todos los recreadores de gladiatura y espectáculos anfiteatrales de España y del mundo, especialmente a mis amigos del *Ludus Antiqus* de Mérida (Fran Linares), *Saguntum Civitas* (Juan Bautista García), *Ludus Gladiatorum Vulcanum* (Madrid, Cristina Sánchez), *Gesta Gladiatoria* (Tarragona, Óscar Madrid e Inma Jiménez), *Familia Gladiatoria Pullis Cornicinis* (Alemania, Marcus Junkelmann) y *Recreadores Históricos Argentina* (Ariel García).

A Sandra López (alias Boudica), una de las mejores gladiadoras del mundo, creadora del Entrenamiento Nacional de Gladiatura

---

41 https://www.viajesiverem.com/tours/gladiadores-antigua-roma/

(en 2017, hoy ya consolidado como el principal evento de España de recreación-divulgación-investigación gladiatoria, con la 5ª edición celebrada del 14 al 17 de noviembre de 2024 en Lugo, organizada por Javier Romay, coincidiendo con el estreno en España de *Gladiator 2*).

A Manolo Sola, Juan Miguel Tortosa y todos los que hacéis posible los Juegos de Purchena. A Manolo también por tu excelente novela *La extraña muerte de un bibliotecario accidental* (2023).

A Lidia, por tu talento bailando, y tu belleza: tu actuación en Purchena 2022 me inspiró el capítulo de las *puellae gaditanae* (cap.24).

A Carmen del Castillo Alarcón (KDK Producciones), por la foto de Lidia publicada en esta edición. A José Carlos Castaño, por la sesión de fotos en Purchena 2024.

A María José Morata, Santiago Medina y Joaquín Ochoa, las personas que me enseñasteis las primeras palabras en latín: os tengo presentes siempre que abordo un texto en esa lengua.

A Simón Segura (mi profesor de Matemáticas, amante también de la antigua Roma) y Emmanuel Onyekwere, mi profesor de Inglés.

A Lorenzo Sánchez, exdirector del Museo Arqueológico de Baza.

A Belén, por todo, siempre: eres la persona que más y más sinceramente me ayudó con este libro, y con todo.

A Ridley Scott.

Este libro se terminó de imprimir, en su primera edición,
por encargo de la editorial Almuzara, el 4 de octubre
de 2024. Tal día del 1582, en Roma, el papa Gregorio
XIII decreta el calendario gregoriano en sustitución del
calendario juliano: la noche del jueves 4 de octubre de
1582 dio paso al viernes 15 de octubre.